HAVANA
ATRAÇÕES

Castillo del Morro
Construído em 1630 para defender a cidade, El Morro tem um histórico embaraçoso, embora a vista que se tem de Habana Vieja do restaurante Los XII Apóstoles (pág. 62) seja magnífica.
Carretera de la Cabana, tel 863 7063

Hotel Nacional de Cuba
Esta referência arquitetônica de McKim, Mead e White fica num rochedo sobre o estreito da Flórida. Sua rede de abrigos assumiu grande importância durante a crise dos mísseis de Cuba.
Pág. 17

Malecón
Este passeio com pórticos ao longo da orla, que já foi atingido por furacões e está corroído pelo sal, é o epicentro da vida social de Havana.

Habana Vieja
A cidade, fundada aqui em 1519 e uma miscelânea única de arquitetura colonial, é patrimônio da humanidade desde 1982.

Hospital Hermanos Ameijeiras
Concebido como um banco na década de 1950, este alto edifício foi convertido num hospital após a revolução, mas ainda abriga o cofre nacional em seu interior.
Pág. 12

Capitolio Nacional
Os americanos deixaram uma marca indelével em 1928 neste monumental e neoclássico Capitólio. Seu interior é cheio de mármore e ornamentos folheados a ouro.
Calle Industria com Barcelona, tel 863 7861

Compañía Cubana de Teléfonos
Este bolo de noiva de terracota foi construído para a Companhia Telefônica Cubana em 1927. O caprichoso neoclassicismo de Leonardo Morales iria mais tarde moldar trechos do El Vedado.
Aguila 565, esquina com Dragones

INTRODUÇÃO
RETRATOS DA CENA URBANA

Havana hoje é como uma de suas coradas *quinceañeras*, uma adolescente a ponto de virar mulher e se livrar de um pai dominador. Quando se libertarem do legado de Fidel Castro, o que será que os cidadãos de Havana decidirão fazer de sua vida diante dessa gloriosa oportunidade? Como irão planejar o futuro da cidade se, na verdade, todo mundo fica em casa tempo demais para se dedicar a isso? Será que os parentes de Miami voltarão para reassumir seu lugar, carregando caixas de Coca-Cola e trazendo na mão plantas de novos McDonald's, ou irão decidir que estão muito felizes do jeito que vivem, muito obrigado?

A atração arquitetônica de Havana é que ela é um território virgem. Sem dinheiro nem recursos, nada foi demolido para dar lugar a algo "melhor". É um livro aberto em termos de planejamento urbano, uma demonstração viva de como um aglomerado urbano cresce, com cada um de seus bairros caracterizado por destacados exemplos do estilo da moda na época. A preocupação é que esta inocente cidade seja seduzida e corrompida pelos olhos azuis e pelo dinheiro. Têm sido feitos esforços para preservar sua integridade – a base colonial está sendo atualmente restaurada –, mas outras áreas estão necessitando urgentemente de preservação.

No entanto, talvez a coisa mais assombrosa a respeito de Havana seja a alegria de viver de seus cidadãos. Os *habaneros* aprenderam que as coisas boas vêm para aqueles que as desejam e, enquanto esperam, se dedicam à música e à dança. Nada de muito fundamental irá mudar aqui no mínimo pelos próximos cinco anos, por isso agora é a hora de ir – antes que mude.

INFORMAÇÕES ESSENCIAIS
NÚMEROS E ENDEREÇOS ÚTEIS

INFORMAÇÕES TURÍSTICAS
Infotur
Calle Obispo com San Ignacio
tel 636 884
www.infotur.cu

TRANSPORTE
Aluguel de carro
Transtur
tel 553 991
www.transtur.cu
Havanautos
tel 203 9658
www.havanautos.cu
Táxi
Panataxi
tel 555 555
Micar
tel 204 2444
Táxi OK
tel 877 6666

EMERGÊNCIAS
Ambulância
tel 405 093
Polícia
tel 820 106
Farmácia 24 horas
Clínica Central Cira García
Calle 20, 4101 esquina com 41
tel 204 2811
www.cirag.cu

EMBAIXADA DO BRASIL
Lonja del Comercio
Calle Lamparilla, 2, 4o piso, K
tel. (00xx537) 866-9051 / 9052 / 9080
e-mail: embhavana@brasil.co.cu

DINHEIRO
Asistur
Paseo Martí 208
tel 866 8339
www.asistur.cu

SERVIÇOS POSTAIS
Correio
Hotel Nacional de Cuba
Calle 21 com O
tel 836 3564
Envio expresso
DHL
Avenida Ira com 26
tel 204 1876
www.dhl.com

LIVROS
Cuba e a noite, de Pico Iyer (Record)
Revolution of forms: Cuba's forgotten art schools, de John A. Loomis (Princeton Architectural Press)

SITES
Arte/Design
www.cubanow.net
www.cubarte-english.cult.cu
Jornais
www.periodico26.cu

ALGUNS PREÇOS
Táxi do Aeroporto José Martí ao centro da cidade
CUC 15 = US$ 15
Café
CUC 0,40 = US$ 0,40
Maço de cigarros
CUC 1,80 = US$ 1,80
Jornal
Gratuito
Garrafa de champanhe
CUC 117 = US$ 117
(cotações de 15/1/2008)

HAVANA
Área
721km²
População
2,2 milhões
Moeda: peso cubano para turistas
CUC 1= US$ 1= R$ 1,88 (cotação de 15/1/2008)
Telefone: códigos de área
Cuba: 53
Havana: 7
Fuso horário
GMT -2

TEMPERATURAS MÉDIAS/ °C

MÉDIA DE CHUVAS/ MM

BAIRROS
AS REGIÕES QUE VOCÊ PRECISA CONHECER E POR QUÊ

Para facilitar a circulação pela cidade, escolhemos os bairros mais interessantes (veja o mapa no final do guia) e destacamos as atrações com cores, segundo a localização (ver abaixo). Os locais que ficam fora dessas áreas estão em cinza no mapa.

PLAZA DE LA REVOLUCIÓN
Este monumental espaço, construído na década 1950 pelo ditador Batista com o nome Plaza Cívica, foi denominado por Fidel Castro em 1961 Plaza de la Revolución. A praça é rodeada por ministérios, pelo Teatro Nacional (pág. 68) e pelo obelisco em memória de José Martí, herói revolucionário da independência de Cuba. Em toda esta arquitetura ufanista vêem-se toques suaves da vida cotidiana, como os músicos ensaiando entre árvores.

MIRAMAR
O bairro foi formado na década de 1940, quando os ricos se mudaram para o oeste, saindo de El Vedado para construir luxuosas mansões, que Fidel expropriou e transformou em edifícios públicos e embaixadas. Aqui ficam alguns dos poucos edifícios novos – o Banco Financiero, reformado em 1977 por José Antonio Choy (5ª Avenida, 9009 e 92), e o Palacio de las Convenciones, de Antonio Quintana, de 1979 (Avenida 146) –, além de restaurantes refinados para homens de negócios e diplomatas.

HABANA VIEJA
A arquitetura da cidade velha é uma mistura requintada de estilos barroco, mourisco, colonial e art nouveau, e está sendo restaurada. Ao entardecer, Obispo é um tumulto de restaurantes, bares, lojas e salsa ao vivo, mas passeie pelas ruas do entorno, onde fachadas em ruínas são mantidas por vigas improvisadas, e você vai achar bem mais difícil comprar uma caixa de charutos falsos.

LA RAMPA
Centro dos cassinos e salas de jogo da década de 1950, a íngreme ladeira de La Rampa ainda é muito popular entre os *habaneros* de todas as idades. Cheia de bares, cafés, cinemas, clubes e casas de salsa, estende-se do Hotel Nacional (pág. 17) até o centro modernista da cidade e os pontos de paquera de sábado à noite, como o Cine Yara (pág. 74), a sorveteria Coppelia (pág. 36) e o hotel Habana Libre (pág. 26).

EL VEDADO
El Vedado é um local de cultura, com teatros, parques e museus, como o Museo de Artes Decorativas (Calle 17 502, tel 830 9848), e uma ampla gama de estilos arquitetônicos. Entre as mansões neoclássicas e de estilo italiano encontra-se o brutalista Edificio Girón (Malecón entre E e F), o modernismo década de 1950 do Hotel Riviera (pág. 30) e o estilo *art déco* da Casa de las Américas (Calle G com 3ª, tel 552 706).

PARQUE CENTRAL
Lugar em que Cuba mais se aproxima das grandes metrópoles, esta praça é rodeada de hotéis e edifícios públicos, como a ornamentada obra de Paul Belau de 1915, o Gran Teatro (Paseo Martí 458, tel 861 3077). Ela fica junto ao desbotado dragão de Chinatown e perto do tumulto do centro, enquanto o grande e velho Paseo desce e se mistura ao Malecón. Observe o movimento sentado no bar avarandado do Hotel Inglaterra (Paseo Martí 416, tel 860 8595).

MARCOS DA CIDADE
OS MELHORES PONTOS DE REFERÊNCIA

A melhor maneira de entender Havana é tomar um dos perversamente lentos elevadores do Memorial José Martí, de 137m (Calle Paseo com Avenida Independencia), ou do Edificio FOCSA, de 123m (pág. 10). Desses dois mirantes, você pode ver uma cidade que praticamente não mudou desde a revolução de 1959. Não há arranha-céus reluzentes como em outras metrópoles, mas pelos menos os poucos prédios altos que existem servem como referência para o horizonte plano de Havana.

Os principais bairros podem ser identificados por um único prédio, o que é muito útil, já que pedir informações de endereços aos cubanos costuma ser infrutífero. O incongruente Capitolio Nacional (Calle Industria com Barcelona, tel 860 3411), uma réplica do Capitólio de Washington D.C., domina o Parque Central e Habana Vieja; o Hotel Nacional de Cuba (pág. 17) é a referência para La Rampa; o modernista Hotel Riviera (pág. 30) indica a orla de El Vedado, e, cruzando o rio Almendares, a Embaixada da Rússia (pág. 13) é a referência luminosa da parte oeste de Miramar. Outra referência útil é o eixo da Plaza de la Revolución, da qual amplas avenidas levam aos quatro cantos da cidade.

Mas o espírito de Havana não está tanto em sua arquitetura degradada, e sim em seus habitantes e na maneira como eles lidam com a cidade. E em nenhum lugar isto é tão evidente como ao longo do Malecón (pág. 38), o passeio ao longo da orla que domina o norte da cidade, onde cada aspecto da vida cubana pode ser apreciado depois do pôr-do-sol, regado a muitas garrafas de rum.
Veja os endereços em Informações.

010

Edifício FOCSA
O maior edifício residencial de Cuba foi erguido em 1956. Construído em concreto sobre uma planta em Y por Ernesto Gómez-Sampera e Martín Domínguez para abrigar apartamentos de luxo, o complexo, ao estilo de Le Corbusier, inclui lojas, escritórios, uma escola e um cinema, muitos dos quais estão hoje em ruínas. No entanto, o reformado restaurante francês de cobertura, La Torre (tel 553 088), oferece vistas deslumbrantes.
Calle 17 entre M e N

Hospital Hermanos Ameijeiras
Única estrutura com mais de três andares do centro, o maior hospital de Cuba ergue-se como um polegar inflamado. Sua torre modernista de 23 andares em concreto amarelo e a espaçosa praça falam de altas finanças. Um bom exemplo de construção iniciada durante o período Batista (foi projetado para ser o Banco Nacional de Cuba), foi convertido em hospital após a revolução, para oferecer uma função mais socialista. Apoiado numa imponente plataforma de concreto de frente para o Malecón, o edifício foi remodelado internamente e tem as melhores instalações médicas da ilha. Mas isso não quer dizer muita coisa, já que décadas de embargo econômico impõem grandes restrições aos remédios, muito escassos. Por isso é bom estar em dia com a saúde e admirar o prédio do exterior.
San Lázaro com Belascoaín

Embaixada da Rússia

Os cubanos irão comentar que ele é horrível, mas o prédio de vinte andares da Embaixada da Rússia é um exemplo imponente, embora sinistro, da arquitetura soviética da década de 1980. Este complexo de concreto e vidro em Miramar fica entre as mansões convertidas em consulados e escritórios depois da revolução. Como uma saudação de um dedo para o céu e para os Estados Unidos, evoca memórias da corrida espacial. Antes residência de centenas de diplomatas de Moscou, desde o fim da URSS tudo o que restou de seu legado são os Ladas que circulam por entre os buracos da cidade. Hoje, uma equipe reduzida tagarela pelos salões de mármore e pelas salas sem janelas, muitas delas fechadas permanentemente. Como muita coisa em Havana, o edifício sobrevive como um símbolo triste da história perdida de Cuba.
Avenida 5ª, 6402 entre 62 e 66

Ministério do Interior

Este edifício do governo, projetado por Aquiles Capablanca em 1953, é o mais bem resolvido da Plaza de la Revolución. Revestido de pedras de Jaimanita como muitos dos outros edifícios do governo na praça, os escritórios são protegidos do sol por *brises-soleils*. Um mural de cerâmica de Amelia Peláez enfeita a entrada, mas o prédio só alcançou o *status* de chamariz de turistas no final da década de 1960, com o acréscimo, ao bloco côncavo de elevadores, de um painel de 30m de altura, no qual um friso de aço escuro desenha a figura do antigo ministro da Indústria, Che Guevara. Baseado na foto icônica feita por Alberto Korda em 1960, ele ostenta o *slogan* revolucionário "*Hasta la victoria siempre*" e fica iluminado à noite. Erigido como pano de fundo para um discurso *in memoriam* feito por Fidel depois que Guevara foi morto na Bolívia em 1967, a escultura ficou definitivamente neste local.
Plaza de la Revolución

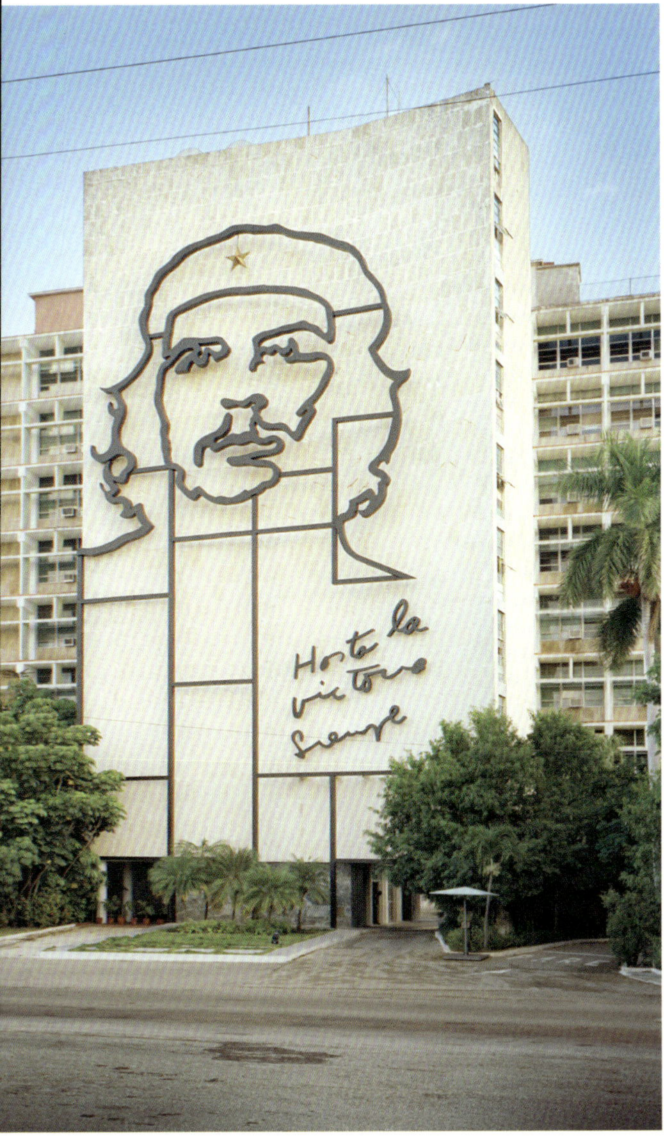
Hasta la
victoria
Siempre

HOTÉIS
ONDE FICAR E OS QUARTOS MAIS INDICADOS

Ao escolher um local para ficar, leve em conta a localização, a arquitetura e se você faz questão de piscina. As áreas de convivência são espetaculares nos hotéis clássicos, como o Nacional (página ao lado) e o Riviera (pág. 30), mas os quartos não são muito apreciados. Cuba abraçou o turismo como sua única fonte de divisas, embora o investimento se limite apenas a Habana Vieja, onde dezoito edifícios coloniais dilapidados foram convertidos em hotéis temáticos, geridos por um pessoal de boa vontade, o que é pouco usual em estabelecimentos administrados pelo Estado. Tente o Santa Isabel (Calle Baratillo 9, tel 860 8201), num palacete do século 18, ou o Palacio Cueto (Inquisidor 351), um edifício *art nouveau* que estava com inauguração prevista para 2008. Há bons hotéis em El Vedado, muitos construídos durante o *boom* dos cassinos na década de 1950, mas é bom deixar de lado locais como Miramar, essa orla desolada cheia de carros estacionados.

Acomodações em casas particulares estão em moda desde que Fidel legalizou este esquema na década de 1990. Mas é bom esquecer essa opção de ter um quarto em casa de família – melhor alugar uma casa particular, geralmente pelo mesmo preço de um quarto de hotel (embora empregada e motorista sejam cobrados à parte), como La Mansión (com seis camas, tel 205 7959, www.rentincuba.com) ou uma opção à beira-mar, a Casa Raúl (Calle 15, 153, tel 290 1491), completa, com piscina.

Mas não espere chegar aqui e encontrar internet sem fio e acolchoados – a publicidade dos hotéis ainda anuncia cabideiros nos banheiros e rádio-relógio nos quartos. Cuidado com as camas, desgastadas pelo uso, ao estilo cubano. E lembre-se: você terá sorte se encontrar água quente – todo o resto é bônus.

Veja os endereços em Informações.

Hotel Nacional de Cuba

O hotel mais famoso de Cuba já hospedou Churchill e Sinatra e é um símbolo da hospitalidade cubana desde 1930. Projetado por McKim, Mead e White, apresenta uma miscelânea de estilos *art déco*, neoclássico e neocolonial, com mármore cubano, pedras de Jaimanita e lajotas de argila. O interior impressiona já no *lobby* (acima), com seus mosaicos sevilhanos, teto em madeira de lei, lustres, antiguidades e elevadores originais em ferro trabalhado. Mas os 426 apartamentos do Nacional não acompanharam os tempos, e hoje ele está invadido por grupos de turistas. A comida é de alta qualidade no restaurante Comedor de Aguiar, desde que o rosto de Michael Keaton no cardápio não tire você do sério. Dê uma xeretada em volta e tome um daiquiri nos claustros ajardinados.
Calle O esquina com 21, tel 836 3564
www.hotelnacionaldecuba.com

Hotel Nacional de Cuba

HOTÉIS

Meliá Cohiba
Típico dos grandes complexos construídos por consórcios na década de 1990, o Cohiba é um elefante branco, mas, se você está aqui a negócios, os confortos oferecidos são perfeitos. Sua fachada sanfonada brinca com a perspectiva, com linhas gráficas e janelas escurecidas, mas sua personalidade está na piscina e no Expresso Bar (foto).
Avenida Paseo entre 1ra e 3ra, tel 833 3636, www.solmeliacuba.com

HOTÉIS

Hotel Florida

O Florida fica no meio do agito de Habana Vieja, mas, basta entrar no seu átrio com altas colunas e mezanino (acima), e sentar-se em uma de suas poltronas entre a folhagem, a calma se instala. Esta antiga residência de família nobre de 1836 é imponente, mas o hotel preserva uma elegância intimista. Há 25 espaçosos quartos em estilo colonial, com camas e mobília de ferro trabalhado, teto alto, porcelana azul e branca e chão quadriculado de mármore italiano, detalhe presente em todo o hotel. Peça a Suíte 18, de canto, no segundo andar, com persianas de madeira que dão para uma ampla sacada. O Piano Bar Margato é popular por sua música ao vivo e por ser um dos únicos lugares de Habana Vieja que fica aberto até tarde. Experimente um fim de noite sob seu telhado de vitral.
Calle Obispo 252 esquina com Cuba, tel 862 4127

Hotel Saratoga

O Saratoga pode não ter arquitetura muito estimulante, mas em luxo e praticidade é de longe o melhor hotel da cidade. Atrás de sua concha neoclássica, este hotel de 1933 foi reinaugurado em 2005, com várias reproduções, como mobília da década de 1930, piso cerâmico colorido e um átrio central, combinado com a mais recente tecnologia, como internet sem fio nas áreas de convivência e elementos contemporâneos, como o mural de Juan Carlos Botello no Mezzanine Bar. Os quartos do Saratoga dão para o Capitólio, mas, para se abandonar de vez ao prazer, reserve a Habana Suite de 100m^2 (na página seguinte), com mármore, mogno e três sacadas. O serviço tem padrão europeu, e a linda piscina na cobertura (acima) oferece um panorama de 270 graus.
Paseo Martí 603 esquina com Dragones, tel 868 1000, www.hotel-saratoga.com

Habana Suite, Hotel Saratoga

HOTÉIS

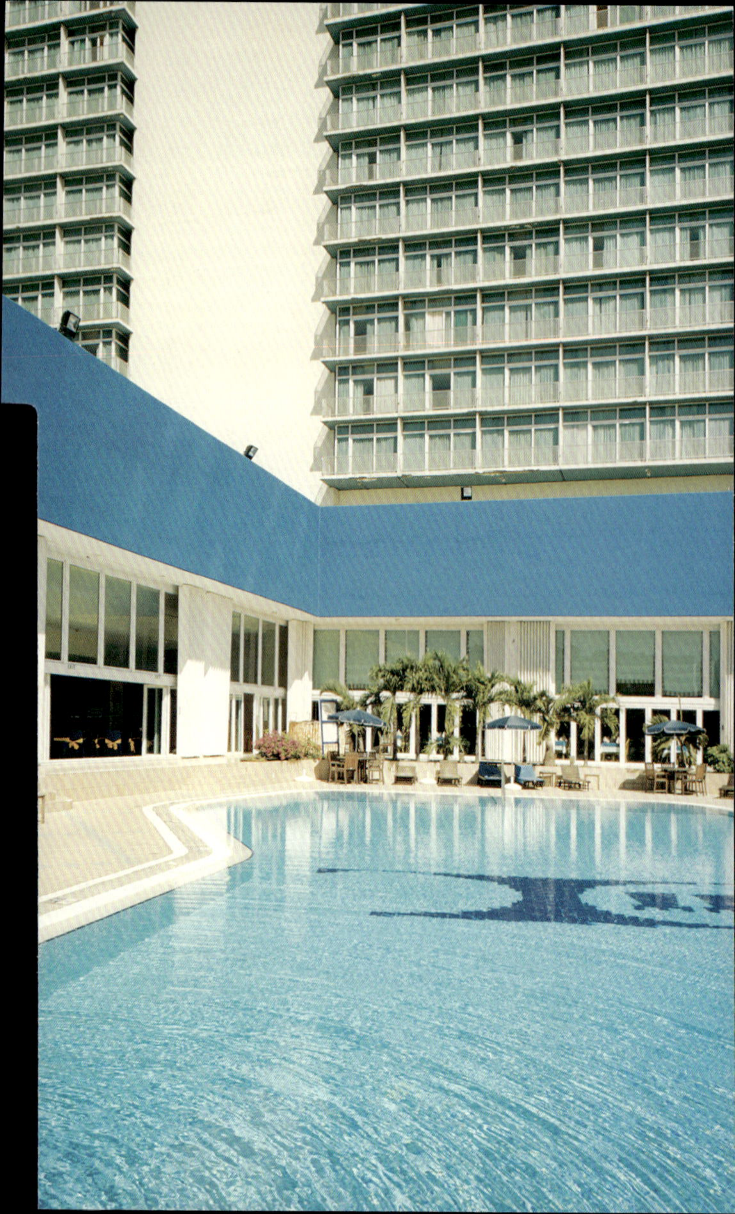

Tryp Habana Libre

Este marco modernista de Welton Beckett & Associates no alto de La Rampa ergue-se 125m acima do nível da rua. Em 1958, foi uma forte declaração de intenções capitalistas, mas, dez meses mais tarde, nos primeiros dias da revolução, Fidel virou a mesa ao escolher a Suite Presidencial La Castellana como seu quartel-general. O hotel ainda é muito importante hoje, sempre movimentado com uma clientela latina. Os melhores quartos são os dos últimos andares, com sacadas de frente para a piscina (à esquerda). Há um quê de Morris Lapidus no *lobby* (acima), com seu domo iluminado pela luz natural, e o Clube Turquino, na cobertura, tem teto retrátil para permitir aos hóspedes dançar salsa sob as estrelas. Além disso, o mural de Amelia Peláez tornou-se um símbolo da cidade.
Calle L esquina com 23, tel 834 6100
www.solmeliacuba.com

Hotel Raquel

Mantendo a tradição havanesa de belos *lobbies*, o Raquel tem um magnífico teto em vitral que convida o sol a invadir o local e aquecer suas colunas e estatuetas de mármore adornadas e douradas (à direita). Ótimo exemplo da restauração de Habana Vieja, o edifício, situado no antigo bairro judaico, foi projetado para uma empresa importadora de tecidos em 1908 pelo arquiteto venezuelano Naranjo Ferrer. A escadaria de mármore, o elevador de ferro e a fachada *art nouveau* são originais; já o tema do Antigo Testamento é novo. O restaurante Jardín del Éden é *kosher*, o único lugar de Cuba onde se encontra *borscht* e *goulash* húngaro, e os 25 quartos têm camas de metal, mobília da virada do século 19 e pinturas de artistas cubanos de prestígio. Peça um dos três com terraço, ou opte por uma vista melhor num dos quartos de cobertura.
Calle Amargura esquina com San Ignacio, tel 860 8280, www.habaguanex.com

HOTÉIS

Hotel Riviera

Em 1957, a empresa Polevitzky, Johnson and Associates, de Miami, distinguiu-se com o projeto deste palácio verde e cinza de prazeres à beira-mar – uma meca do jogo do período pré-revolução, quando a máfia era chefiada por Meyer Lansky. A abóbada oval revestida de cerâmica abrigava o antigo cassino, que hoje provavelmente seria usado para noites de bingo, enquanto, embaixo da língua de concreto alongada do hotel, o cabaré Copa Room e o *lobby* de teto baixo e pouca mobília (foto), com escadaria truncada, esculturas abstratas do cubano Florencio Gelabert e treliça de madeira, são peças de museu. Pena que os 352 quartos um tanto descuidados não combinem com o resto. Venha para um martíni no bar do *lobby* ou para um mergulho do trampolim de três estágios em forma de árvore de Natal.
Paseo com Malecón, tel 836 4051
www.grancaribe.cu

HOTÉIS

24 HORAS
O ESSENCIAL DE HAVANA EM APENAS UM DIA

Bem, tem muita gente que já passou 24 horas em Havana só na balada – Sr. Hemingway, por favor, um passo à frente –, e a abstinência é praticamente impossível nesta cidade. Mas entre os mojitos e a inescapável salsa, que rolam dia e noite, você pode saborear também as atrações da cidade e os destaques da arquitetura. Depois do café-da-manhã e de tomar pé de si mesmo do alto do Sevilla (página ao lado), dê um passeio por Habana Vieja – meio em destroços, meio restaurada. Na Partagás (pág. 34), assinale os charutos da sua listinha de coisas obrigatórias, depois tome um café *art déco* no Edificio Bacardí (pág. 65), antes de um banho de cultura no Museo de la Revolución ou na ala cubana do Museo de Bellas Artes (Calle Trocadero, tel 861 3858), vizinho.

Pegue um táxi em La Rampa, mas não confie que o motorista tenha a mínima idéia de para onde está indo – ele provavelmente é um engenheiro civil. Para serem autênticas, suas 24 horas devem incluir um pouco de fila. Por isso, aguarde sua vez na Coppelia (pág. 36), que fornece sorvete para 35 mil *habaneros* por dia, antes de dar uma volta ao anoitecer pelo Malecón, um passeio arquitetônico por si só. Se La Guarida (pág. 39) estiver com todas as reservas tomadas, o classudo restaurante francês La Torre (pág. 10) tem vistas incríveis de 360 graus. Depois, a Casa de la Música (pág. 60) oferece *shows* de salsa de classe internacional todas as noites, com espaço para alguns números de dança escandalosos. E lembre-se: se encontrar alguma dificuldade, uma modesta *propina* (gorjeta) pode fazer você avançar muito.

Veja os endereços em Informações.

8h30 Cobertura do Hotel Sevilla

Tome café-da-manhã no restaurante do nono andar do Sevilla, um ótimo espaço com opções de bufê e de cardápio, como ovos com arroz, feijão e *tostones* (lascas de banana-da-terra fritas). O projeto deste hotel, de 1908, obra dos arquitetos Antonio e Rogelio Rodríguez, foi inspirado no Alhambra de Granada, e o *lobby* da virada do século 19 é um impressionante tributo à arte mudéjar, com arcadas, colunas, mosaicos e azulejos, que se mantêm arejados e frescos graças aos ventiladores de teto, enquanto a eclética fachada é um misto de colunas clássicas e toques neomouriscos. Al Capone uma vez se hospedou aqui, mas atualmente os quartos e a piscina têm um aspecto um pouco cansado, e por isso é bom dormir em outro lugar.
Sofitel Sevilla Hotel, Calle Trocadero 55, tel 860 8560, www.sofitel.com

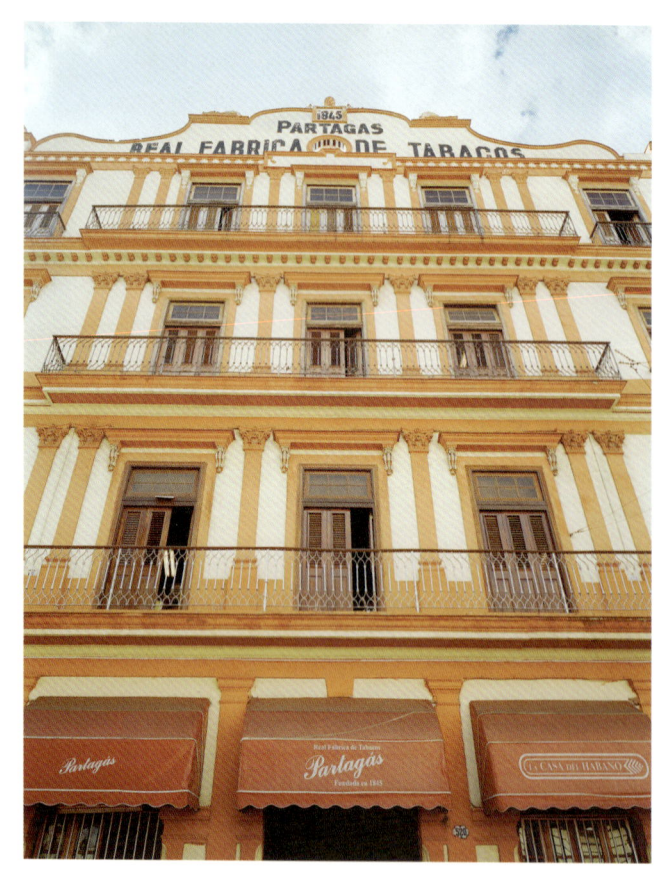

11h30 Real Fábrica de Tabacos Partagás
Mesmo que você não fume, os charutos perpassam todos os seus momentos de vigília em Cuba, e por isso você pode também querer ver como são feitos. A fachada da fábrica Partagás é um impressionante exemplo de arquitetura colonial industrial de meados do século 19. Hoje a fábrica produz 12 milhões de *puros* por ano, em sua maioria enrolados à mão, com cada trabalhador se especializando em determinada *vitola* (tamanho). Marcas como Montecristo, Cohiba e Romeo y Julieta complementam a linha da Partagás, que tem um sabor terroso, denso. Um *lector* ainda lê os jornais para os setecentos empregados, mas, infelizmente, os charutos não são mais enrolados nas coxas de virgens. Se esse era apenas um mito urbano, ou se a cidade simplesmente se deparou com a escassez de virgens, é algo ainda a ser desvendado.
Calle Industria 520, tel 862 4604

13h Museo de la Revolución

Você não consegue escapar da política neste país, por isso conheça o ponto de vista cubano dentro do Palácio Presidencial de 1920, projeto do belga Paul Belau e do cubano Carlos Maruri, uma enxurrada de alusões clássicas e toques de *revival* hispânico. Escadas de mármore levam ao Salón de los Espejos, com interiores da Tiffany, de Nova York. Entre as mostras há artefatos fascinantes, como a pequena roupa do astronauta Arnaldo Tamayo (o primeiro latino no espaço). O antigo chefe de segurança de Fidel, Fabián Escalante, afirma que houve 638 atentados contra a vida do líder cubano, e alguns planos cômicos da CIA são detalhados aqui, de charutos-bombas a graxa de sapatos com produtos químicos destinados a fazer cair sua barba, o que destruiria o poder de Fidel, como se fosse um Sansão moderno. *Calle Refugio 1, tel 861 3858*

15h30 Coppelia

O sorvete na Coppelia, administrada pelo Estado, é um dos poucos luxos pós-revolucionários. O pavilhão de concreto, com painéis irregulares de vidro colorido, foi projetado por Mario Girona em 1966. Suas garras de aranha se integram aos pátios externos sombreados por bananeiras. Os cubanos fazem fila em volta do quarteirão, aguardando os sabores do dia, um episódio do teatro urbano que você não pode perder.
Calle 23 com L

24 HORAS

17h30 Muro de Bandeiras, Malecón
O entardecer promove uma grande migração da cidade para a orla. Junte-se à festa improvisada, mas primeiro testemunhe as relações cubano-americanas no que elas têm de mais tragicômico. Em janeiro de 2006, a missão diplomática americana montou um telão LED nas janelas do quinto andar do prédio da embaixada, projeto da Harrison & Abramovitz de 1953, para transmitir mensagens anti-Fidel, como esta: "Como é triste ver que todas as pessoas que saberiam conduzir este país estão dirigindo táxis". Um mês depois, Fidel fez a retaliação, erguendo uma floresta de 138 mastros de bandeiras no estacionamento para tampar a vista do telão. Este impasse arquitetônico é completado pelo Protestódromo, um grande palco construído na altura da fileira Elián González e usado para debates políticos, assim como para concertos de salsa (afinal, estamos em Cuba).

21h30 Paladar La Guarida
A entrada do restaurante, uma escada de mármore curva com um discurso de Fidel e uma bandeira de Cuba pintada na parede de reboco descascado, é um dos locais mais fotografados de Havana, especialmente depois que La Guarida foi cenário do filme de Tomás Gutiérrez Alea, *Morangos com chocolate* (1994). No segundo andar desta antiga casa – agora uma residência familiar compartilhada – fica o melhor *paladar* (restaurante particular) da ilha. Regale-se com o *ceviche* cubano, a lasanha de coelho ou atum com cana-de-açúcar e *yuca a mojo* (mandioca, alho e cebola), num animado espaço de várias salas, cheio de curiosidades, artefatos religiosos, antiguidades e fotos de freqüentadores famosos, como Sean Penn e Benicio del Toro. Cozinha, serviço e administração excelente.
Concordia 418, tel 863 7351
www.laguarida.com

VIDA URBANA
CAFÉS, RESTAURANTES, BARES E CASAS NOTURNAS

Não há como escapar dos *mojitos* e daiquiris, mas você pode fugir das armadilhas para turistas. Por isso, mergulhe com coragem num clube de Havana, na decoração *art déco* do Bar Bacardí (pág. 65), ou abra um Castillo de Wajay tinto no *lounge* anos 1970 do Opus Bar (pág. 52). Os aperitivos são excelentes, mas Cuba decepciona com o que vem depois. Sua contribuição para a culinária mundial é escassa: "a la cubana" significa simplesmente "com um ovo", e o prato nacional é o *ropa vieja*, literalmente "roupa velha". Não é algo muito inspirador, e talvez seja por isso que Fidel plantou uma Coppelia (pág. 36) em cada cidade, num gesto do tipo "deixe que tomem sorvete". No entanto, os *paladares* – restaurantes geridos por cubanos comuns em suas próprias casas, como o La Guarida (pág. 39) e o ousado El Hurón Azul (Calle Humboldt 153 esquina com P, tel 879 1691) – estão desviando a cidade da *comida criolla* com cardápios inovadores.

A música está por toda parte, mas certifique-se de ver um espetáculo de renome mundial na cidade: a salsa de Los Van Van ou Paulito FG na Casa de la Música (pág. 60), o *son* de Omara Portuondo no El Delirio (pág. 68), a *nueva trova* ou *reggaetón* de Silvio Rodríguez no Teatro Karl Marx (1ª Avenida esquina com 10, tel 203 0801), um imenso local para 4.800 pessoas conhecido simplesmente como Karlos. O Cabaret Tropicana (Calle 72, 4505 entre 43 e Línea, tel 267 1717) é um mercado de gado, mas os espaços segmentados de concreto de Max Borges, em meio à folhagem tropical, são um triunfo da junção de função, localização e modernidade. Você veio por causa da arquitetura, não por causa do rebolado e da pouca roupa, certo? Certo?

Veja endereços em Informações.

Casa de la Amistad

O interior da antiga residência do barão do açúcar Juan Pedro Baró e de Catalina Lasa (pág. 70) é impressionante. Um paradigma do ecletismo cubano, o majestoso e neoclássico exterior lembra um *palazzo* italiano. Mas, após a Exposição de 1925 em Paris, os planos para o resto da casa foram mudados, e diz-se que foi aqui que, em 1927, os arquitetos Evelio Govantes e Félix Cabarrocas introduziram o *art déco* na ilha. Cheia de mármore francês e italiano, a casa tem referências egípcias, trabalhos em *fer forgé* (ferro batido) e estuque nas paredes, ambos feitos em Paris, além da areia usada no reboco, trazida do rio Nilo. O trabalho em vidro do vestíbulo (acima) é do francês René Lalique. Jante no restaurante Primavera, e depois ouça *son* ao vivo ou boleros no jardim, sob a luz das estrelas.
Avenida Paseo 406 entre 17 e 19, tel 831 2823

El Conejito
Fidel, um grande fã do lugar, costumava reservar a sala privada de vinte lugares para encontros *tête-à-tête* com sua secretária particular Celia Sánchez. Mas o atrativo do lugar não está nos segredos de Estado que suas paredes devem guardar. Para começar, o El Conejito é inexplicavelmente moldado como uma casa inglesa Tudor, com tijolos vermelhos e vigas de madeira escura no teto. O interior rústico parece um alojamento de caça, com lareira, cornetas de marfim e um alce empalhado. O cardápio faria Glenn Close ficar com água na boca – o coelho é não só recheado, mas grelhado, salgado e assado –, e a casa tem um bom estoque de comida; portanto, não enfrenta problemas quando há escassez de alimentos na ilha. Hoje serve também comida italiana, carne e frutos-do-mar. Depois do jantar, você pode ir para o bar de caraoquê anexo e arregimentar os freqüentadores para fazerem coro enquanto você ataca de *Guantanamera*.
Calle M, esquina com 17, tel 324 671

VIDA URBANA

A Prado y Neptuno

Este projeto deve ter parecido bom no papel. Numa cidade que viu pouca coisa nova nas últimas décadas, o arquiteto das Escolas Nacionais de Arte (pág. 76), Roberto Gottardi, foi convocado em 1998 para remodelar o andar térreo deste edifício do final do século 19 e transformá-lo num restaurante moderno e elegante. Gottardi trouxe Emilio Castro (pág. 90) para o *design* do interior, acrescentou cadeiras inspiradas em Charles Rennie Mackintosh, obras estilo *pop art* e, como bom italiano, contratou um *chef* patrício. Mas, com a decoração nas cores verde e vermelho, o bar com tema ianque e a luz fluorescente, o resultado final é um TGI Friday's. É animado, sem dúvida, mas A Prado y Neptuno deixa você preocupado que este possa ser o futuro de Havana. O que seria lamentável.
Prado com Neptuno, tel 860 9636

Café del Oriente

Jantando à luz de candelabros de velas e rodeado de painéis de madeira escura, cortinados, luminárias de chão *art nouveau* e teto de vitral, você facilmente se sente em Paris ou em Viena na virada do século 19. A cozinha é igualmente européia, com pratos como *chateaubriand* com molho *béarnaise*, miolo de vitela no molho cremoso de mostarda e *brandy*, a agradável combinação de mexilhões com trufas, além de extensa carta de vinhos e o melhor pão da ilha. Um trio ao vivo toca *jazz*, bossa nova e *son*, e, como este é um restaurante do Estado, há cinco atendentes para cada cliente. Ao contrário do que ocorre em estabelecimentos menos refinados, eles não demorarão 15 minutos para atender a seu chamado. Aqui quem fica aguardando são os garçons, e não você.
Calle Oficios 112, esquina com Amargura, Plaza de San Francisco de Asís, tel 860 6686

El Patio
É turístico, mas o cenário entre os arcos de um palacete do século 18 é espetacular à noite. Implore por uma mesa na sacada que dá para a fachada da catedral barroca de 1787, ornamentada com coral preto fossilizado, e peça *vaca frita* (filé de carne bovina) com *moros y cristianos* (arroz e feijão).
Calle San Ignacio 54, tel 867 1034

VIDA URBANA

Restaurante 1830

O cenário desta casa noturna, instalada numa mansão neoclássica na boca do rio Almendares, é imbatível. O nome se refere ao ano em que ele nasceu. Tem parte do interior restaurada e outra parte eclética, grades de ferro originais, cadeiras, lustres e lareiras do final do século 19 e vitrais *art déco* na antiga biblioteca (hoje Bar Colonial), onde você deve tomar um aperitivo. Um tapete vermelho leva a uma série de salões, com um cardápio de influência cubana e francesa. Os camarões flambados em rum são deliciosos, mas o 1830 não consegue rivalizar com a culinária mágica do Tocororo (tel 204 2998), do outro lado do rio. Mas, sem dúvida, é muito mais divertido. Tem um cabaré (23h) no jardim, além de caraoquê e discoteca em sua ilha com temática japonesa, decorada com pedras e conchas.
Malecón 1252 esquina com 20, tel 553 091

Las Ruinas

Em 1971, o arquiteto Joaquín Galvin incorporou as paredes cobertas de limo das ruínas desta usina de açúcar do século 18 ao seu projeto minimalista para este restaurante cubano no Parque Lenin. Galhos e flores de trepadeiras tropicais invadem os painéis de concreto, vidro e pré-fabricados, e vigas de concreto suspensas se sobrepõem às árvores, deixando indefinidos os limites entre interior e exterior. O próprio parque, a 20km da cidade, é uma relíquia dos ideais soviético-cubanos: há muito espaço e instalações esportivas (pág. 88) para o povo, e símbolos marxista-leninistas por todos os cantos. Isso, combinado com a cozinha superior e a excelente carta de vinhos, tornou o local um refúgio favorito de Fidel, que aqui se reunia com diplomatas estrangeiros.
Calle 100 esquina com Cortina de la Presa, Parque Lenin, tel 57 82 86

Anacaona

Este restaurante no Hotel Saratoga (pág. 23) derivou seu nome do grupo de salsa só de mulheres que causava sensação aqui na década de 1930, quando o local era o reduto da alta sociedade cubana. Após a revolução, o hotel foi expropriado por Fidel, que o transformou em abrigo para os sem-teto. Agora, após a reabertura do hotel em 2005, é um refúgio para *gourmets*, já que tem um dos cardápios mais sofisticados de Havana, num cenário andaluz-norte-africano, com tecidos, luminárias, painéis em treliça com retroiluminação, objetos de cobre, mosaicos de vidro colorido e um bar com almofadas espalhadas. Delicie seu paladar com *escargots* e *roquefort* seguidos por peixe (perca) com rum e açafrão, e termine com um *añejo* (rum Havana Club sete anos).
Hotel Saratoga, Paseo Martí 603 esquina com Dragones, tel 868 1000
www.hotel-saratoga.com

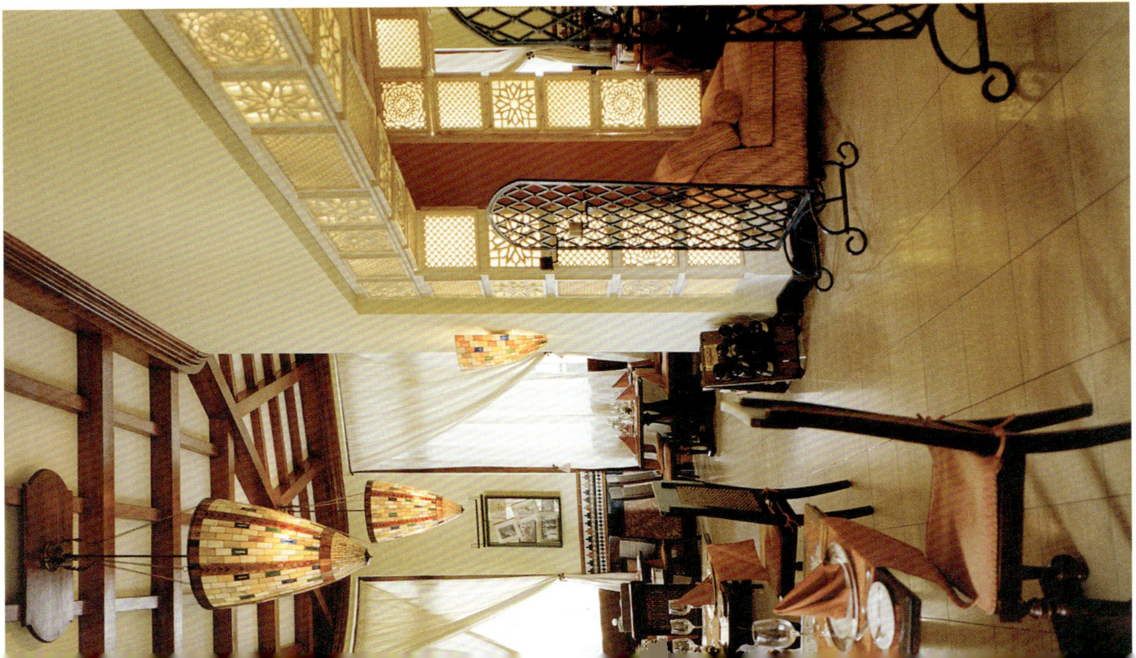

Opus Bar
Venha a este *lounge* bar estilo década de 1970 com seu *enamorado* ou saia daqui com lágrimas nos olhos depois de ouvir os belos e apaixonados boleros, cantados no estilo caraoquê. Uma das paredes tem só janelas e vistas, e no resto do ambiente há poltronas de couro, pinho envernizado, cortinas de renda e teto de aglomerado, o que faz você se sentir como se tivesse voltado no tempo.
Teatro Amadeo Roldán, Calle Calzada 512, esquina com D, 4º andar, tel 832 1168

VIDA URBANA

La Casona de 17

Os padrinhos de Fidel moraram nesta mansão colonial, e você pode imaginar que uma criança barbuda já brincou aqui na rua, organizando seus *compadres* em *microbrigadas*. A mansão é dividida por biombos em várias salas de jantar, algumas disponíveis para alugar, e tem obras de arte cubana contemporâneas pelas paredes lisas pintadas de amarelo, um impressionante vitral *art déco* sobre as escadas e refinadas luminárias no teto. A cozinha serve comida cubana, especialmente o arroz *con pollo*, cozido numa panela de barro (reserve com antecedência), *paella*, carne e frutos-do-mar grelhados. No andar de cima há uma rara mesa de bilhar, no terraço com vista para o FOCSA (pág. 10). Depois de jantar, vá até o bar da cobertura para apreciar a vista e tomar um drinque com as *quinceañeras* e os parentes de Miami que vieram visitá-las.
Calle 17, 60 entre M e N, tel 334 529

El Pedregal

Este restaurante, num local feito para esse propósito, só podia existir no oeste de Havana, onde há espaço para prédios experimentais e clientes do centro de conferências, das embaixadas e dos institutos de ciências. El Pedregal, ou "lugar cheio de pedras", foi construído no final da década de 1990 e funde com serenidade concreto e vidro com pedra, madeira e água. Seus terraços com vista para um lago artificial são muito apreciados por casais apaixonados. O cardápio cubano e internacional tem comida bastante convencional, mas com boa relação custo-benefício, e os portos e conhaques são populares entre o pessoal da diplomacia. Após o jantar, faça a obrigatória peregrinação até a original Casa de la Música (tel 206 6147) em Miramar, para um pouco da irresistível salsa ao vivo.
Calle 23, esquina com 198, tel 273 7831

Gato Tuerto
O "Gato Caolho" se espicha atrás do Nacional (pág. 17), numa eclética casa de El Vedado remodelada por Evelio Pina em 1960, que se tornou um local escuro, intimista, meio torto, para se ouvir bolero. Até o jardim foi transformado em fonte artificial (não existe mais água agora, é claro). Venha ouvir lamentos de fim de noite de veteranos do palco, como Elena Burke e Ela Calvo.
Calle O entre 17 e 19, tel 836 0212

VIDA URBANA

La Roca

Seguindo a estrada que sai do Hotel Capri, os *playboys* da década de 1950 entravam pelo acesso de concreto coberto deste refúgio *art déco* e deixavam as chaves de seus Pontiacs com o valete. Esta era já se foi há muito tempo, assim como o Capri, mas La Roca continua tão sólida quanto..., bem, acho que você captou a idéia. Vire à esquerda ao entrar nesta toca intimista, caleidoscópica, que neutraliza o forte sol do Caribe com seus painéis aleatoriamente coloridos, imitados pelo bar com sua retroiluminação. Este é um lugar onde você não se sentirá culpado por tomar um drinque ao meio-dia: coloque seus óculos escuros e peça um La Roca (*añejo* branco, suco de laranja e limão, *grenadine* e açúcar). O restaurante do outro lado do *hall*, ao contrário, é frio e formal, apesar de apresentar regularmente números de humor à noite. Mas uma piada que não foi contada aqui é antiga: "Quais são as três falhas da revolução? Café-da-manhã, almoço e jantar".
Calle 21 e M, tel 834 4501

VIDA URBANA

Casa de la Música (Galiano)
Este imperdível palácio da salsa abriga
incríveis apresentações de grupos como
Los Van Van e NG La Banda no grande
edifício *art déco* de 1941, o America
Building, inspirado no Rockefeller
Center. Jovens de Havana lotam as
matinês (das 16h às 19h) de *rap* cubano
e *reggaetón*, que é o que a garotada
anda ouvindo atualmente.
*Galiano 267 entre Neptuno e Concordia,
tel 860 4165, www.egrem.com.cu*

VIDA URBANA

SUGESTÕES DE QUEM ESTÁ POR DENTRO
ISIS VALDÉS, MODELO

A indústria da moda está engatinhando em Cuba, e Isis Valdés é uma das poucas modelos que sentiram o gosto do sucesso no exterior. No entanto, com muitas empresas estrangeiras usando Havana como locação para fotos, as agências passaram a promover talentos locais. "Eles estão preparando a nova geração de modelos em La Maison (pág. 80)", diz Isis. "E as lojas dali estão entre as melhores de Cuba."

Quando não está trabalhando, Isis gosta de tomar um tranqüilo *brunch* de tapas no Bodegón Onda (Obrapía, esquina com Baratillo, tel 867 1037): "Tem alguma novidade para experimentar todo dia". Ela também recomenda Los Nardos (Paseo Martí 563, tel 863 2985) para comida espanhola. "Tem sempre fila, e você precisa esperar ser chamado pelo homem que fica no alto da escada", diz. "Mas vale a pena pela *paella*." Depois ela vai visitar um dos muitos museus – um dos favoritos é o Museu de Ciências Carlos J. Finlay (Cuba 460, tel 863 4824), ainda mais pela vista que oferece da sua cobertura, que, segundo ela, "é um belo lugar para um *mojito*".

Para jantar, Isis adora o idílico Los XII Apóstoles (Complejo Morro-Cabaña, tel 863 8295) ou então leva seus amigos ao restaurante crioulo El Aljibe (Avenida 7ma entre 24 e 26, tel 204 1583). "Eles fazem o melhor frango, arroz e feijão, e isso não é pouco em Havana." Mais tarde, relaxa ouvindo música ao vivo no Jazz Café (Avenida 1ra, esquina com Paseo, tel 553 302). "Tem janelas imensas junto ao Malecón, e Havana é maravilhosa à noite."

Veja os endereços em Informações.

VIDA URBANA

ARQUITOUR
UM PASSEIO PELAS CONSTRUÇÕES MAIS MARCANTES

A história da arquitetura da cidade permanece quase totalmente intacta, já que o urbanismo foi interrompido nos últimos quarenta anos. Grandes construções foram planejadas antes da revolução, como o hotel e meca do jogo de José Luis Sert, localizado em uma ilha artificial em frente ao Malecón. Em vez disso, a necessidade econômica preservou coisas que em outras cidades teriam sido demolidas pela ambição das construtoras ou por regulamentações de saúde e segurança. Muitos edifícios simplesmente ruíram, mas os que resistiram, como as mansões neoclássicas ou *art déco* deixadas pelas classes mais altas, foram expropriados. Alguns foram reformados para atender a uma função socialista, como, por exemplo, o decadente Casino Español (Prado com Aminas) de Luis Dediot, hoje o Palacio de los Matrimonios. Os demais foram ocupados e transformados em residências para várias famílias; primeiro as casas, e depois os quartos, foram divididos e mais tarde redivididos com biombos precários e mezaninos improvisados.

Após a revolução, dois terços dos arquitetos do país foram embora. Os mais idealistas permaneceram e se dedicaram a projetos importantes, como o das Escolas Nacionais de Arte (pág. 76), até que o dinheiro e a tendência foram se exaurindo. Desde então, a construção se restringiu a casas populares no estilo soviético, erguidas por *microbrigadas* nos subúrbios, como Habana del Este. Ao mesmo tempo, vívidas imagens ligadas à revolução tornaram-se parte inescapável do tecido urbano: *slogans*, discursos, palavras de ordem e fotos de Che preenchem espaços públicos e privados. *Veja os endereços em Informações.*

Edifício Bacardí

A fabricante de rum deixou um glorioso edifício *art déco* quando teve de sair do país, em 1959. A construção de 1930, de Esteban Rodríguez Castell, Rafael Fernández Ruenes e José Menéndez, usou granito bávaro e norueguês entalhado com metal e ornamentado com relevos geométricos de terracota que mostram mulheres nuas de Maxfield Parrish e todos encimados pelo emblema do morcego. Vá até o bar do mezanino para ver o interior (páginas seguintes), com mármore colorido, vidros gravados com ácido e folhados a ouro, espelhos azuis, estuque e painéis de mogno e cedro. Os conhecedores também irão apreciar os eixos verticais e os zigurates do Edifício López Serrano (Calle 13, 106), de Ricardo Mira e Miguel Rosich, construídos um ano ou dois mais tarde, embora estejam num estado bem mais avançado de deterioração. *Monserrate 261 esquina com San Juan de Dios*

Saguão do Edifício Bacardí

ARQUITOUR

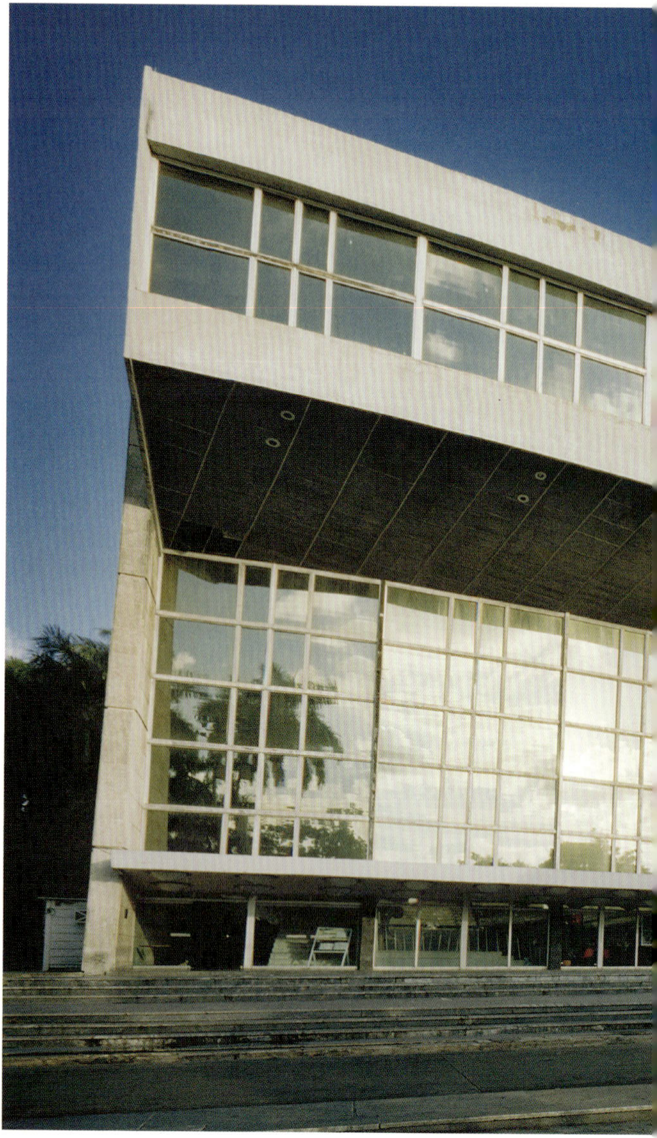

Teatro Nacional
A fachada curva do teatro de Nicolás Arroyo e Gabriela Menéndez, construído em 1958 e similar ao Royal Festival Hall de Londres, expõe o *lobby* e convida a platéia a entrar. Há um teatro menor atrás dele, unido ao Nacional por uma torre central. Assista a um balé ou ouça um pouco de *son* no El Delirio (tel 335 713), o clube situado no quarto andar, que se destaca do perfil do prédio e tem vista para a praça.
Paseo com 39, Plaza de la Revolución

Cementerio Cristóbal Colón

O cemitério de Havana estende-se por sete quarteirões no centro da cidade, cercados por grades. Exibe uma arquitetura fascinante, como a do mausoléu de 1933, de Catalina Lasa e Juan Pedro Baró (acima). O *designer* francês René Lalique, que colaborou na residência do casal em El Vedado (pág. 41), usou mármore e ônix de Bérgamo para moldar uma cúpula minimalista branca, que contrasta com uma original porta entalhada com dois anjos deitados. Primeira mulher a se divorciar na América Latina em 1918 (para ficar com Baró), Lasa foi enterrada sob 6m de concreto, para não profanar seus vizinhos de tumba. Outra atração obrigatória é o túmulo dos irmãos Borges, em concreto e em forma de tenda, obra de Núñez-Gálvez. O cemitério também é o local de descanso final dos músicos Rubén González e Ibrahim Ferrer, e do fotógrafo Alberto Korda.

Edificio Solimar

Em meio à geralmente confusa e baixa arquitetura e à miscelânea cultural do centro erguem-se os sete andares rosados do Edifício Solimar, que não foi degradado nem pelo sol nem pelo mar que lhe dão nome. Radical para a época, o bloco residencial de concreto moldado de 1944, de Manuel Copado, ainda em uso, fez excelente aproveitamento de sua planta extravagante, já que sua forma estendida maximiza os níveis de iluminação e ventilação, embora também faça o mesmo com os níveis de corrosão. De frente para o Malecón, suas sacadas curvas expressivas evocam a forma das ondas que atingem o quebra-mar. Virando a esquina fica a alameda Callejón de Hamel, enclave de artistas cheio de murais, que constitui um projeto comunitário e centro do grupo religioso afro-caribenho, Santería. No domingo à tarde tem rumba ao vivo.
Soledad 205, esquina com San Lázaro

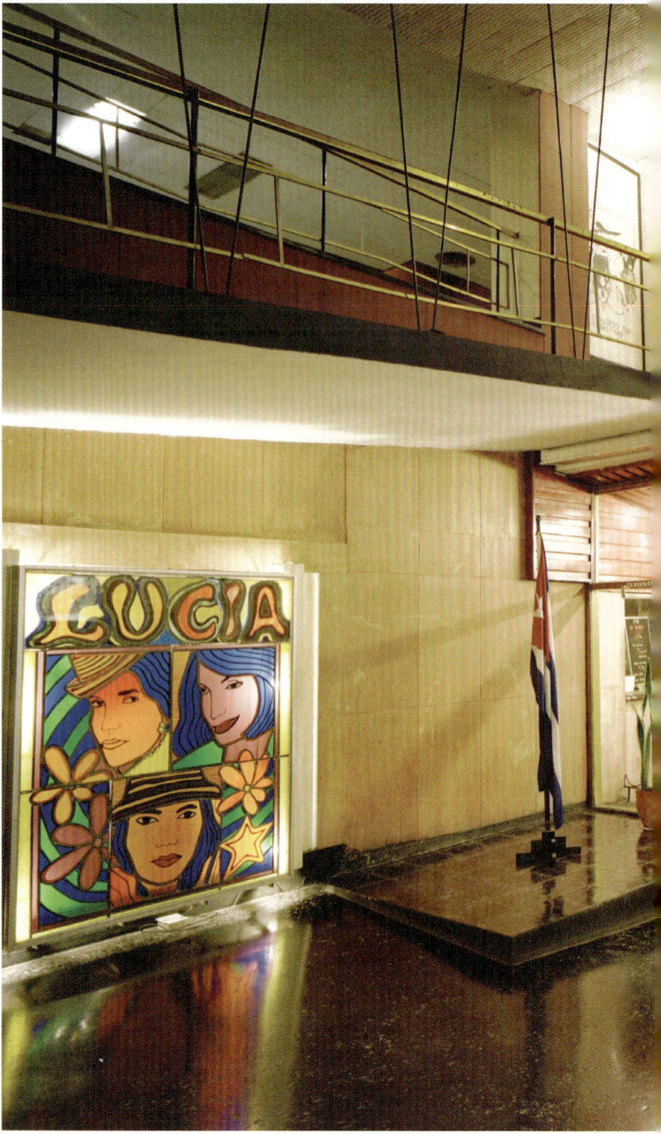
LUCIA

Cine La Rampa

Este bloco modernista foi transformado num cinema quando o telhado foi erguido hidraulicamente para abrigar o projetor. Seu nome deriva em parte do sistema de rampas interno, com pôsteres de filmes clássicos do cinema cubano em toda a sua extensão. O local acomoda mil pessoas, além de guardar o arquivo nacional de filmes. Não espere encontrar Pepsi ou pipocas por aqui, mas há um bar e café, e você pode também trazer o que preferir para comer ou beber.
Rampa 111-113 entre O e P, tel 878 6146

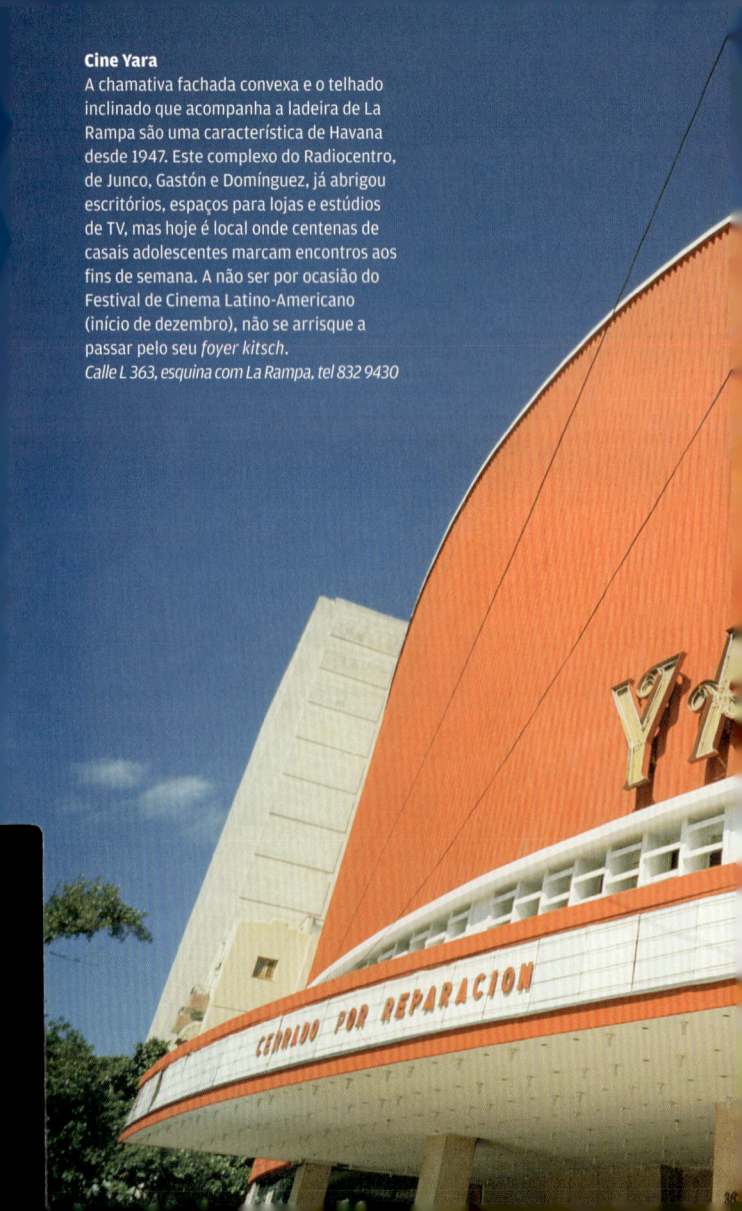

Cine Yara
A chamativa fachada convexa e o telhado inclinado que acompanha a ladeira de La Rampa são uma característica de Havana desde 1947. Este complexo do Radiocentro, de Junco, Gastón e Domínguez, já abrigou escritórios, espaços para lojas e estúdios de TV, mas hoje é local onde centenas de casais adolescentes marcam encontros aos fins de semana. A não ser por ocasião do Festival de Cinema Latino-Americano (início de dezembro), não se arrisque a passar pelo seu *foyer kitsch*.
Calle L 363, esquina com La Rampa, tel 832 9430

ARQUITOUR

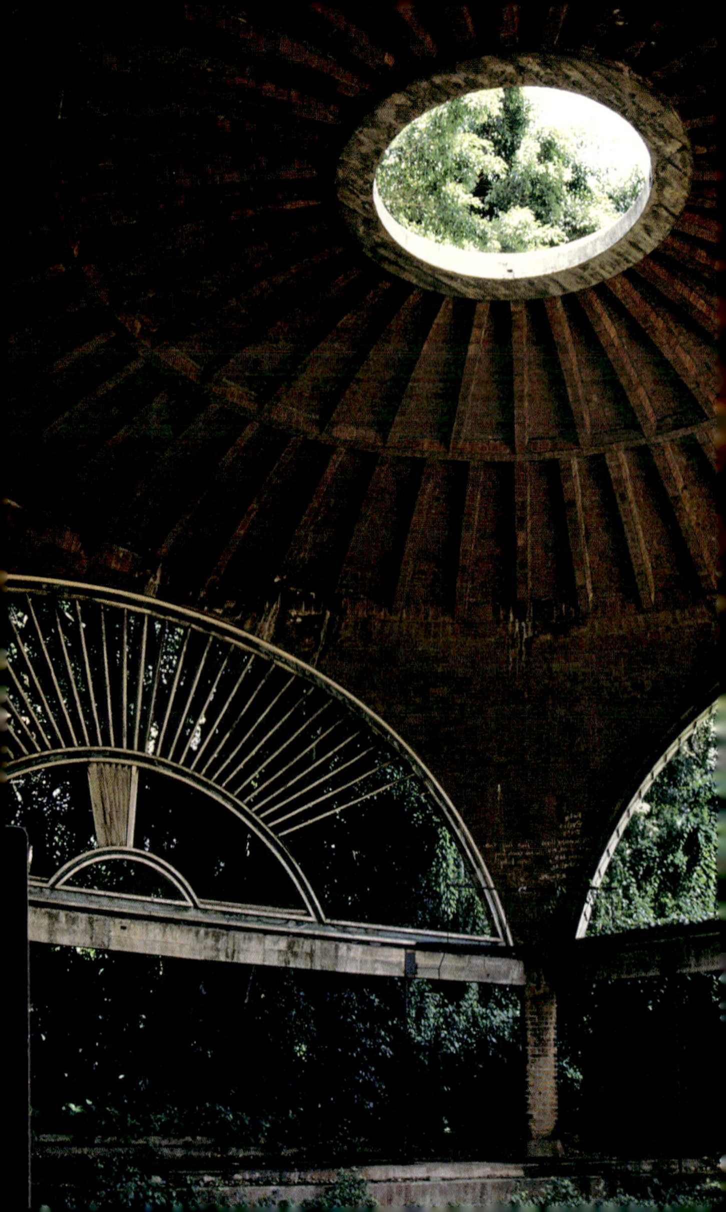

Escuelas Nacionales de Arte

Fidel e Che jogavam golfe neste antigo *country club* quando tiveram a idéia das Escolas Nacionais de Arte. Supervisionado por Ricardo Porro, o trabalho começou em 1961, uma época de grande otimismo, que se reflete no expressionismo dos cinco edifícios: o de Balé (esquerda) e o de Música (acima), de Vittorio Garatti, o de Arte Dramática, de Roberto Gottardi, e o de Artes Plásticas e Dança Moderna, de Porro, totalmente sensual ("Construí cúpulas em forma de seios", disse ele). Uma escassez de concreto foi providencial, já que os arcos catalães em tijolo combinaram perfeitamente com a exuberância do local. Conforme a austeridade soviética foi ganhando espaço, as escolas foram abandonadas, tachadas de burguesas, quando havia apenas três prontas. Mas em 1999 os arquitetos puderam concluir sua obra-prima. *Calle 120, 1.110 entre Avenida 9na e 13*

Club Náutico
Esta seqüência sobreposta de conchas de concreto, projetada por Max Borges Recio em 1953, permite a entrada da luz do sol num pavilhão sombreado e arejado. Similar ao projeto mais antigo de Borges, o Tropicana (tel 267 1717), até mesmo nas marquises, o Náutico é menos ondulado – ao contrário, lembra mais lagartos-do-mar gigantes. Depois da revolução, tornou-se um clube para funcionários públicos. Dê uma gorjeta ao guarda para conseguir uma visita.
Calle 152, Reparto Náutico

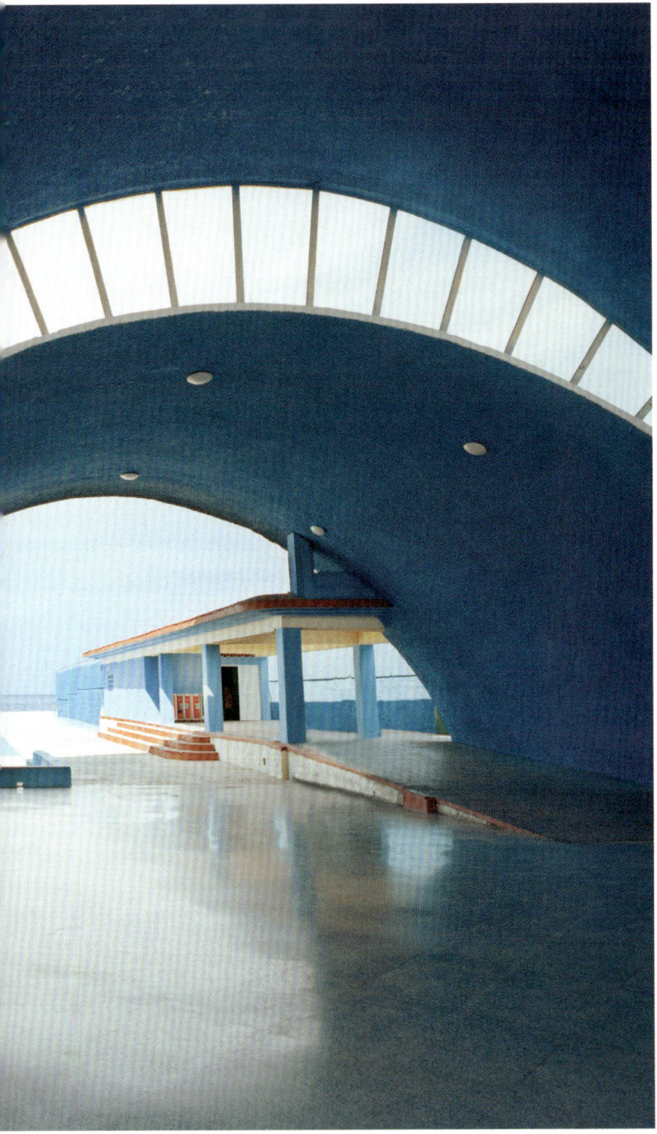

COMPRAS
LOJAS SELECIONADAS E O QUE COMPRAR

Além daqueles produtos obrigatórios, como charutos, rum, música e café, Havana costumava ser um deserto para compras. Mas nos últimos anos, ao lado das lojas tradicionais de Habana Vieja vêm surgindo algumas lojas ainda pouco conhecidas, voltadas para turistas. Você pode encomendar uma fragrância inconfundível na Habana 1791 (Calle Mercaderes 156, tel 861 3525), entre centenas de aromas básicos. Permita-se algumas calorias no Museo de Chocolate (Calle Mercaderes 255, tel 866 4431), para onde os havaneses correm atrás de bombons de cacau de Baracoa. Na Casa del Abanico (Obrapía 107, tel 863 4452), os leques são pintados à mão enquanto você espera. Arte da revolução e pôsteres de filmes dão bons presentes (pág. 86), assim como gravuras e litogravuras, que você encontra no Taller Experimental de Gráfica (Callejón de Chorro 62, tel 862 0979). Também há muitas galerias onde você pode comprar arte, e uma das melhores é o Centro de Arte Contemporáneo Wifredo Lam (Calle San Ignacio 22, tel 861 3419), que tem o nome do surrealista cubano.

Quem gosta de moda pode escolher uma camisa de linho, a *guayabera*, mas desista de querer encontrar grifes modernas, a não ser que você tenha um fetiche por *camouflage* ou Lycra. No entanto, as constantes sessões de fotos para revistas de moda, atraídas pelo cenário único da cidade, estão deixando sua marca. La Maison (Avenida 7ma, esquina com 16, tel 204 1543), por exemplo, é bem mais do que uma loja de produtos vendidos em dólar. Alojada numa mansão de 1946, promove um desfile de sua Escola de Modelos Aragne no pátio, após o jantar (22h). É um local divertido para observar a (relativamente) endinheirada cena social de Miramar. *Veja os endereços em Informações.*

La Casona

A arte cubana contemporânea tem muito espaço nesta bem administrada galeria instalada num dos mais refinados palacetes coloniais de Habana Vieja: a casa do conde de San Juan de Jaruco, construída em 1737. Nos dois andares, salas de paredes brancas são dispostas em volta de um pátio interno, e as portas são mantidas abertas, para permitir a entrada da forte luz solar do Caribe por ambos os lados. As exposições mudam a cada dois meses: as últimas individuais foram de Jorge López Pardo (acima, *Avistamiento*, grafite sobre tela), Santiago Rodríguez Olazábal e Rigoberto Mena. Perto, na Plaza Vieja, fica a Fototeca de Cuba (tel 862 2530), que expõe a obra de Alberto Korda e de outros fotógrafos da revolução.
Calle Muralla 107, esquina com San Ignacio, tel 861 8544, www.galeriascubanas.com

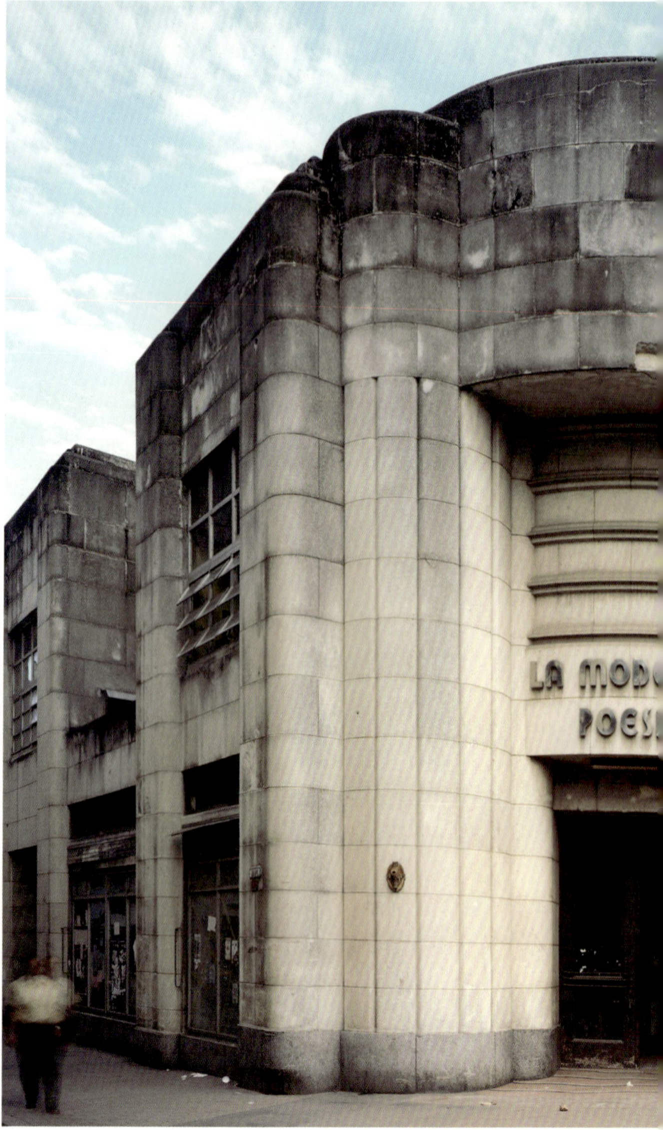

La Moderna Poesía
É bom não julgar esta livraria pelas aparências, pois a fachada de concreto cinza *art déco*, de Ricardo Mira e Miguel Rosich, assentada sobre duas colunas na entrada da Obispo desde 1938, esconde um interior embaraçoso, cheio de literatura menor, guias desatualizados e CDs de salsa romântica. Só se aventure a entrar se quiser comprar cartões-postais.
Bernaza 527, esquina com Obispo, tel 861 6640

La Vajilla

A melhor coisa para comprar nesta cidade, de longe, são autênticos móveis de época, embora as regulamentações para sua exportação exijam providências cansativas e mudem o tempo todo. Os sul-americanos geralmente têm obsessão pelo novo, particularmente os cubanos, pouco expostos ao mundo exterior. Por isso, as levas de antiguidades e objetos raros que chegam todo dia a estes dois andares de tesouros, como luminárias art nouveau, móveis de mogno e objetos de vidro europeus do século 19, são jogados fora sem dó em troca de kitsch moderno, reproduções e objetos de plástico. La Vajilla é uma loja oficial, por isso tudo tem papelada legal. Os preços parecem altos, até que você percebe que estão em pesos. Pechinche, mas não perca o foco.
Avenida Italia 502, esquina com Zanja, tel 862 4751

Farmacia Taquechel

A restauração de três farmácias com um século de existência na cidade velha deve irritar os havaneses, que recebem receitas de alguns dos melhores médicos do mundo, mas se deparam com as prateleiras de remédios vazias nas farmácias. Mesmo assim, a Taquechel não é bem o que o médico pediu, já que vende remédios naturais, orgânicos e homeopáticos que vêm sendo seu forte desde sua inauguração em 1898. (Ela produz uma excelente linha de cremes de algas e cartilagem de tubarão.) Óleos da árvore do chá, *ylan-ylang*, *patchuli* e lavanda são guardados em jarros de porcelana franceses do século 19, expostos em vitrines de madeira polida atrás do balcão com seu gaveteiro original. A farmácia tem também uma seção de instrumentos farmacêuticos e de livros.
Obispo 155 entre Mercaderes com San Ignacio, tel 862 9286

PON TU PENSAMIENTO EN MI
Z
Clandestinos
LAS MANOS
mariano
GOLPE POR GOLPE
EL ELEFANTE
Y LA BICICLETA
LOS CUATRO PUENTES

ICAIC

Numa antítese do que é feito por Hollywood, os pôsteres de filmes cubanos pós-revolucionários em *silk-screen* vetam as estrelas individuais em favor de uma representação minimalista ou *pop art* da obra em si. Imagens clássicas enfeitam cada centímetro do salão do ICAIC (foto). Os próprios pôsteres, mais DVDs de filmes cubanos, são vendidos do outro lado da rua, nos fundos do Café Fresa y Chocolate.
Calle 23, 1156 entre 10 e 12, tel 833 9278

COMPRAS

ESPORTES E SPAS
EXERCITE-SE, RELAXE OU APENAS ASSISTA

Cuba é uma nação orgulhosa de suas conquistas esportivas, que aumentam muito seu prestígio internacional, levando em conta a crônica falta de centros de treinamento. O país ganhou cinco medalhas de ouro no boxe nas Olimpíadas de 2004, e a rivalidade com os Estados Unidos no beisebol é tão fanática e acirrada quanto a batalha ideológica. Num país em que a vida cotidiana é uma luta, o esporte patrocinado pelo Estado é entretenimento gratuito, e uma diversão muito bem-vinda – como o outro grande passatempo cubano, o sexo.

O beisebol é jogado em toda parte. Traga sua luva e você pode começar uma partida em qualquer lugar, ou se juntar à frenética torcida no Estadio Latinoamericano (Zequeira 312, tel 706 526). Muito populares também são o basquete e o vôlei – assista a uma partida na Sala Kid Chocolate (pág. 92) ou no colorido Estadio Ramón Fonst (Independencia, esquina com Bruzón, tel 820 0000). Faça um passeio pelo Parque Lenin (Avenida 5ta com 68, tel 332 047) para curtir *motocross*, passeios de barco e natação. Para algo mais tranqüilo, partidas de dominó são disputadas em tabuleiros dobráveis na rua. Ou faça como Fidel e Ernest e alugue um barco na Marina Hemingway (Calle 248 esquina com Avenida 5ta, tel 241 150, 320 pesos por quatro horas) e vá pescar atum, marlim-azul ou cavala em águas profundas.

A cultura do spa ainda não chegou à ilha. O máximo que você pode encontrar é uma massagem, que pode ter uma incomum nuance *sexy*, e um mergulho na piscina do hotel após o almoço – tente o Riviera (pág. 30), por suas pranchas azul-claras dos anos 1950 ou o Saratoga (pág. 23), por sua vista do Capitólio.
Veja os endereços em Informações.

Club Habana

A maioria dos clubes esportivos e de praia exclusivos para associados, como o Náutico, de Max Borges (pág. 78), foram transferidos para sindicatos de trabalhadores após a revolução, mas o Habana permaneceu como refúgio de diplomatas e exilados. Em sua encarnação anterior como Havana Yacht Club era tão exclusivo que recusou admitir o presidente Batista como sócio porque ele era mulato. Atualmente, está aberto a todos os que paguem 10 pesos e apresentem documentos no portão. Continue o passeio até ver a fachada *beaux-arts* da sede, projeto de Rafael Goyeneche de 1924. Relaxe junto a uma de suas piscinas ou na praia particular, alugue um *jet-ski* ou jogue uma partida de tênis. Pare num dos dois restaurantes ou churrascarias para uma lagosta.
Avenida 5ta 188-192, tel 204 5700

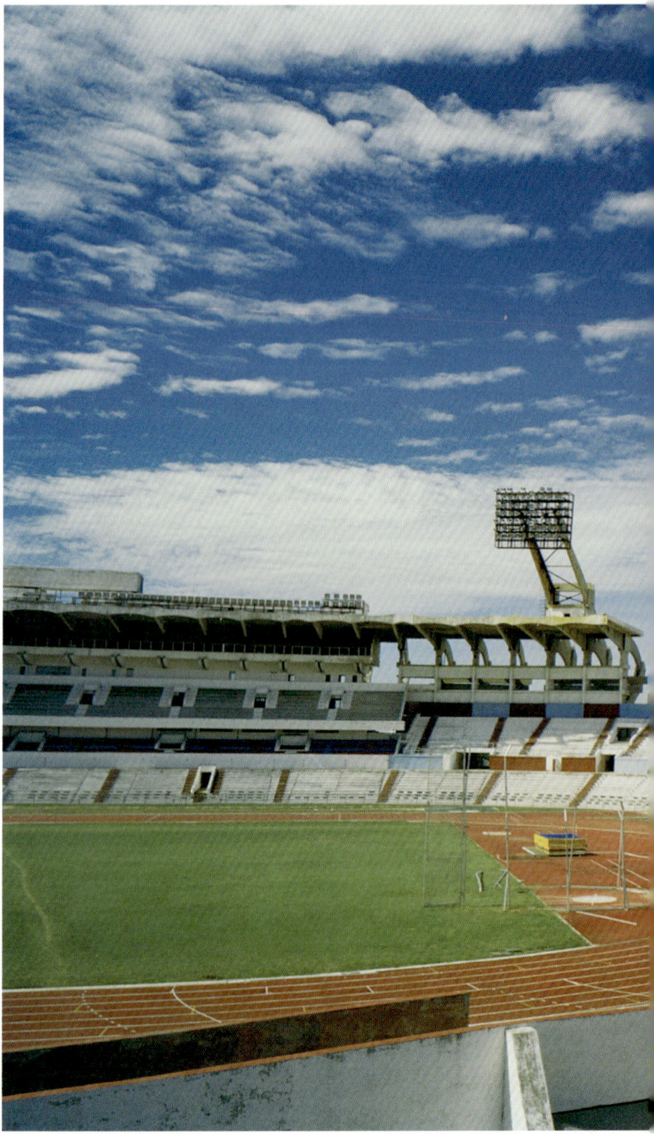

Estadio Panamericano
Este estádio parabólico da era soviética, para 35 mil pessoas, projeto de Emilio Castro (não é parente do presidente), foi construído em 1989 como uma vitrine para os Jogos Pan-Americanos de 1991, e era uma vila de atletas que se tornou hoje um subúrbio da parte leste de Havana. O estádio é usado apenas para encontros interprovinciais, mas, na época, o obrigatório mural de Che inspirou Cuba a conquistar 140 medalhas de ouro.
Carretera Vieja de Cojimar, tel 814 698

Sala Kid Chocolate

Este centro esportivo coberto multiuso tem o nome da lenda cubana do boxe, Kid Chocolate (ele era pequeno e negro, e isso foi muito antes dos dias do PC), o melhor lutador do mundo no início da década de 1930. Além das noitadas de boxe das sextas à noite, o local sedia eventos de basquete, judô, *badminton*, futebol e handebol. Sua condição deteriorada é maquiada por um interior colorido tipicamente cubano e pelos feixes de luz solar que penetram através do vidro pintado e refletem o chão envernizado. É um ambiente envolvente, mas não dispõe da iluminação ideal para esportes de alto nível, embora pelo menos o piso de madeira ajude na impulsão dos atletas. Nos cantos, quatro murais gigantes simbolizam a recompensa da perseverança diante de adversidades – como as goteiras que pingam do teto e os cortes freqüentes no fornecimento de energia. Pergunte na recepção do seu hotel quando uma das seleções nacionais irá treinar – você paga apenas 1 peso para assistir.

Paseo Martí, em frente ao Capitolio Nacional

ESPORTES

Gimnasio Rafael Trejo
Apertado entre dois prédios no mais depressivo e degradado canto da Havana colonial, este ginásio de boxe ao ar livre já alimentou sonhos de grandeza (e escapismo) de muitos jovens ambiciosos nos últimos sessenta anos. Pode ser tosco e primitivo, como a própria modalidade esportiva, mas El Trejo sediou treinos de campeões olímpicos como Mario Kindelán. Assista aos treinos diários ou às lutas nos fins de semana.
Calle Cuba 815 entre Merced e Leonor Pérez

ESPORTES

REFÚGIOS
AONDE IR PARA DAR UM TEMPO DA CIDADE

Este capítulo tem um título pouco adequado num guia sobre Havana. Muitos cubanos sonham em escapar, mas não conseguem ir além do trajeto entre sua casa e o trabalho. A infra-estrutura de transportes é precária, e você deve pensar bem ao escolher a modalidade de transporte. Os aviões, que já foram do exército da ex-URSS e são usados para transporte doméstico, têm níveis de segurança criminosos. Cuba tem a única ferrovia do Caribe, mas suas barulhentas composições foram roubadas por bandidos – a pé. O trem *especial* para turistas, hilariamente apelidado de Orient Express, leva 15 horas para ir até Santiago. Os Buicks e Chevrolets da década de 1950 são fotogênicos, mas a escassez de combustível e de peças os deixa com freqüência à beira da estrada. A melhor alternativa é alugar um Taxi OK (tel 877 6666), estatal, com ar condicionado; a viagem de 3 horas e meia até Viñales (pág. 102), por exemplo, sai por 45 pesos.

Evite os *apartheids* de turistas em *resorts* de praia com tudo incluído, como Varadero, onde os cubanos são proibidos de entrar – estes locais são tão cubanos quanto um pudim Yokshire. Em vez disso, combine o culto ao sol com uma viagem à jóia colonial de Trinidad (pág. 100) e seus *cayos*, ou vá mergulhar na Isla de la Juventud, onde Fidel ficou preso na Prisão Modelo da década de 1930, uma série de estruturas cilíndricas de concreto com celas. Mais perto de casa, os fanáticos por livros devem visitar o Museo Ernest Hemingway (Finca Vigia, tel 910 809), e há também Las Terrazas, reserva biológica da Unesco, uma ecovila da década de 1960 cujo restaurante natural, El Romero (tel 204 3739, www.lasterrazas.cu), faz coisas incríveis com ervilhas.

Veja os endereços em Informações.

Cienfuegos

Pode ser uma batalha encontrar cubanos de verdade em Havana, pois os *jinteros* (literalmente "jóqueis", que insistem em levar você para um passeio) ficam seguindo seus passos. Saia da capital para experimentar o calor e a generosidade do povo numa das cidades do interior. A arborizada Cienfuegos foi fundada pelo francês Louis de Clouet em 1819, e sua arquitetura neoclássica e suas amplas avenidas demonstram como os tranceses diferiam dos espanhóis em sua abordagem do planejamento urbano colonial. Cidade ligada à cana-de-açúcar, teve seu auge de 1890 a 1930, e sua atração principal é o Palacio de Valle, de 1917 (Calle 37, 3501). O barão do açúcar Acisclo del Valle trouxe artesãos do Marrocos para trabalhar em seu capricho neomourisco, uma ostentação arquitetônica de sua fortuna. Mais tarde ele faliu. Tome um rum no terraço de cobertura.

Boca de Guamá
Este centro de ecoturismo é a resposta de Cuba aos Everglades da Flórida, ou seja, uma imensa extensão de pântanos, florestas e lagos de água doce (perfeitos para mergulhar), que abriga 150 espécies endêmicas de plantas, 160 tipos de aves, crocodilos-cubanos e crocodilos-americanos. Vire a mesa com um almoço de filé de crocodilo em seu trajeto até Cienfuegos (pág. 97).
Gran Parque Natural Montemar, Península de Zapata, tel 04 593 224

REFÚGIOS

Trinidad

Este local, patrimônio da humanidade pela Unesco, fundado em 1514, foi uma aldeia sonolenta até o século 19, quando pessoas enriquecidas com o comércio de açúcar começaram a chegar. Houve um momento em que o Valle de los Ingenios, que cerca a cidade, respondia por um terço da produção da ilha. Os barões do açúcar, comerciantes e mercadores de escravos transformaram Trinidad na jóia colonial que é hoje, com seus palacetes e mansões, ruas de pedra, telhados de cerâmica ou com vitrais, dominados pelo campanário (acima) do antigo Convento de São Francisco de Assis. Como fica a 6 horas de Havana, vá para ficar um tempo. Passe os dias na ilha de Cayo Blanco de Casilda, mergulhando em seus recifes de coral preto entre tartarugas, e as noites no The Cave, dançando entre as estalactites numa caverna com iluminação incrível.

Playas del Este

As praias mais próximas de Havana estão 20km para o leste, e ficam lotadas nos fins de semana. Não é exatamente um paraíso tropical, mas, se você puder ignorar a estranha plataforma de petróleo, será uma experiência mais autêntica do que ir para um dos esterilizados *resorts* da ilha. No entanto, não são apenas o sol e a salsa que irão atraí-lo até este trecho de 10km entre Bacuranao e Guanabo. Depois de 1958, o túnel sob o porto tornou Habana del Este um subúrbio viável, pois antes o desenvolvimento urbano aqui era influenciado pelo conceito de cidade-satélite europeu. As décadas de 1970 e 1980 viram nascer os projetos de construção de moradias das microbrigadas, e mais tarde veio a Villa Panamericana (pág. 90). Melhore seu bronzeado na festeira Santa María del Mar ou no mais tranqüilo Club Mégano.

Valle de Viñales

Esta exuberante paisagem de verde e pedra calcária 160km a sudoeste de Havana é pontuada por montanhas achatadas e cavernas subterrâneas, e tem um clima perfeito para o cultivo de tabaco. Aqui, as plantações abastecem muitas fábricas de charutos de Havana, inclusive a Partagás (pág. 34), e as condições do local originaram o sabor terroso, denso, encorpado de seus *puros*. Na vila de Viñales, o ritmo de vida é ainda mais lento do que em Havana, mas o clima de festa é o mesmo. Há acomodações em muitas casas particulares, principalmente para mochileiros. Você pode relaxar à beira da piscina no Hotel Los Jazmines (tel 08 796 205), fora da cidade, numa montanha de frente para o vale. De Viñales, continue até María La Gorda, na ponta oeste da ilha, uma das melhores áreas para mergulho do Caribe.

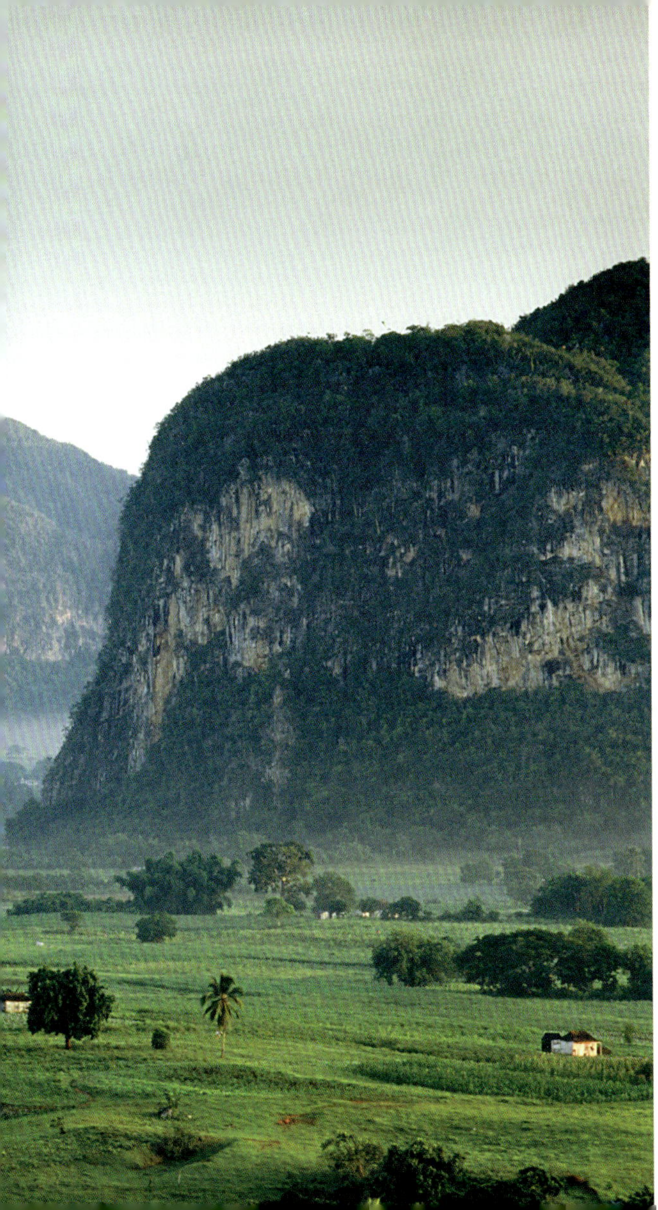

ANOTAÇÕES
REGISTROS E LEMBRETES

INFORMAÇÕES
ENDEREÇOS

A

El Aljibe 062
Avenida 7ma ente 24 e 26
tel 204 1583

Anacaona 050
Hotel Saratoga
Paseo Martí 603 esquina com Dragones
tel 868 1000
www.hotel-saratoga.com

B

Bar Bacardí 040
Edificio Bacardí
Montserrate 261 esquina com San Juan de Dios

Boca de Guamá 098
Gran Parque Natural Montemar
Península de Zapata
tel 04 593 224

Bodegón Onda 062
Obrapía esquina com Baratillo
tel 867 1037

C

Cabaret Tropicana 040
Calle 72, 4505 entre 43 e Línea
tel 267 1717

Café del Oriente 045
Calle Ofícios 112 esquina com Amargura
Plaza de San Francisco de Asís
tel 860 6686

Capitolio Nacional 009
Calle Industria esquina com Barcelona
tel 860 3411

Museu de Ciências Carlos J. Finlay 062
Calle Cuba 460 entre Amargura e Brasil
tel 863 4824

Casa del Abanico 080
Obrapía 107
tel 863 4452

Casa de la Amistad 041
Avenida Paseo 406 entre 17 e 19
tel 831 2823

Casa de la Música (Galiano) 060
Galiano 267 ente Neptuno e Concordia
tel 860 4165
www.egrem.com.cu

Casa de la Música (Miramar) 055
Calle 20 esquina com 35
tel 206 6147

La Casona 081
Centro de Arte La Casona
Calle Muralla 107 esquina com San Ignacio
tel 861 8544
www.galeriascubanas.com

La Casona de 17 054
Calle 17, 60 entre M e N
tel 334 529

Centro de Arte Contemporáneo Wifredo Lam 080
Calle San Ignacio 22 esquina com Empedrado
tel 861 3419

Cine La Rampa 072
La Rampa 111-113 entre O e P
tel 878 6146

Cine Yara 074
Calle L 363 esquina com La Rampa
tel 832 9430

Club Náutico 078
Calle 152
Reparto Náutico

El Conejito 042
Calle M esquina com 17
tel 324 671

Club Habana 089
Avenida 5ta 188-192
tel 204 5700

Comedor de Aguiar 017
Hotel Nacional de Cuba
Calle O esquina com 21
tel 836 3564
Coppelia 036
Calle 23 com L

D
El Delirio 068
Teatro Nacional
Paseo com 39
Plaza de la Revolución
tel 335 713
Los XII Apóstoles 062
Complejo Morro-Cabaña
Habana del Este
tel 863 8295

E
Edificio Bacardí 065
Monserrate 261 esquina com San Juan de Dios
Edificio FOCSA 010
Calle 17 entre M e N
Edificio López Serrano 065
Calle 13, 106 entre L e M
Edifico Solimar 071
Soledad 205 esquina com San Lázaro
Embaixada da Rússia 013
Avenida 5ra, 6402 entre 62 y 66
Escuelas Nacionales de Arte 076
Calle 120, 1110 entre Avenida 9na e 13
Estadio Latinoamericano 088
Zequeira 312
tel 706 526
Estadio Panamericano 090
Carretera Vieja de Cojimar
tel 814 698
Estadio Ramón Fonst 088
Avenida de la Independencia esquina com Bruzón
tel 820 0000

F
Farmacia Taquechel 085
Obispo 155 entre Mercaderes e San Ignacio
tel 862 9286
Fototeca de Cuba 081
Calle Mercaderes entre Muralla e Brasil
tel 862 2530

G
Gato Tuerto 056
Calle O entre 17 e 19
tel 836 0212
Gimnasio Rafael Trejo 094
Calle Cuba 815 entre Merced e Leonor Pérez

H
Habana 1791 080
Calle Mercaderes 156 esquina com Obrapía
tel 861 3525
Hospital Hermanos Ameijeiras 012
San Lázaro y Belascoaín
El Hurón Azul 040
Calle Humboldt 153 esquina com P
tel 879 1691

I
ICAIC 086
Calle 23, 1156 entre 10 y 12
tel 833 9278

J
Jazz Café 062
Avenida 1ra esquina com Paseo
tel 553 302
José Martí Memorial 009
Calle Paseo com Avenida Independencia

M

La Maison 080
Avenida 7ma esquina com 16
tel 204 1543

Marina Hemingway 088
Calle 248 esquina com Avenida 5ta
tel 241 150

Ministerio del Interior 014
Plaza de la Revolución

La Moderna Poesía 082
Bernaza 527 esquina com Obispo
tel 861 6640

Museo de Bellas Artes 032
Calle Trocadero
tel 861 3858

Museo de Chocolate 080
Calle Mercaderes 255 esquina com
Amargura
tel 866 4431

Museo Ernest Hemingway 096
Finca Vigia
San Francisco de Paula
tel 910 809

Museo de la Revolución 035
Calle Refugio 1 entre Avenida de las
Misiones e Agramonte
tel 861 3858

N

Los Nardos 062
Sociedad Juventud Asturiana
Paseo Martí 563
T 863 2985

O

Opus Bar 052
Sociedad Juventud Asturiana
Paseo Martí 563
tel 863 2985

P

Palacio de los Matrimonios 064
Prado y Animas

Palacio de Valle 097
Calle 37, 3501
Paseo del Prado
Cienfuegos

Paladar La Guarida 039
Concordia 418 entre Gervasio e Escobar
tel 863 7351
www.laguarida.com

El Patio 046
Calle San Ignacio 54 esquina com
Empedrado
Plaza de la Catedal
tel 867 1034

Parque Lenin 088
Avenida 5ta esquina com 68
tel 332 047

El Pedregal 055
Calle 23 esquina com 198
tel 273 7831

A Prado y Neptuno 044
Prado com Neptuno
tel 860 9636

R

Real Fábrica de Tabacos Partagás 034
Calle Industria 250 entre Dragones y
Barcelona
tel 862 4604

Restaurante 1830 048
Malecón 1252 esquina com 20
tel 553 091

La Roca 058
Calle 21 com M
tel 834 4501

El Romero 096
Las Terrazas
Calle 8, 306 entre Avenida 3ra e 5ta
tel 204 3739
www.lasterrazas.cu

Las Ruinas 049
Calle 100 esquina com Cortina de la Presa
Parque Lenin
tel 578 286

S
Sala Kid Chocolate 092
Paseo Martí
Em frente ao Capitolio Nacional

T
Taller Experimental de Gráfica 080
Callejón de Chorro 62
Plaza de la Catedral
tel 862 0979
Teatro Karl Marx 040
Avenida 1ra esquina com 10
tel 203 0801
Teatro Nacional 068
Paseo com 39
Plaza de la Revolución
Las Terrazas 096
Calle 8, 306 entre Avenida 3ra e 5ta
tel 204 3739
www.lasterrazas.cu
Tocororo 048
Calle 18 com 3ra
tel 204 2998
La Torre 010
Edificio FOCSA
Calle 17 entre M e N
tel 533 088

V
La Vajilla 084
Avenida Italia 502 esquina com Zanja
tel 862 4751

HOTÉIS
ENDEREÇOS E PREÇOS

Casa Raúl 016
Casa com dois dormitórios, CUC 350
Calle 15, 153 entre 6 e 8
tel 290 1491
www.cubaccommodation.com

Hotel Florida 022
Diárias:
Casal, CUC 160
Suíte 18, CUC 200
Obispo 252 esquina com Cuba
tel 862 4127
www.habaguanex.com

Hotel Los Jazmines 102
Diárias:
Casal, CUC 55
Carretera de Viñales
Valle de Viñales
tel 08 796 205

Hotel Nacional de Cuba 017
Diárias:
Casal, CUC 170
Suíte especial, CUC 400
Real, CUC 600
Presidencial, CUC 1000
Calle O esquina com 21
tel 836 3564
www.hotelnacionaldecuba.com

Hotel Raquel 028
Diárias:
Casal, CUC 180-200
Junior Suite, CUC 230-250
Calle Amargura esquina com San Ignacio
tel 860 8280
www.habaguanex.com

Hotel Santa Isabel 016
Diárias:
Casal, CUC 240
Calle Baratillo 9 ente Obispo e Narciso
López, Plaza de Armas
tel 860 8201
www.habanaguex.com

Hotel Riviera 030
Diárias:
Casal, CUC 130
Paseo com Malecón
tel 836 4051
www.grancaribe.cu

Hotel Saratoga 023
Diárias:
Junior Suite Saratoga, CUC 280-330;
Suite Habana, CUC 650-670
Paseo Martí 603 esquina com Dragones
tel 868 1000
www.hotel-saratoga.com

La Mansión 016
Casa com seis dormitórios, CUC 2.000
tel 205 7959
www.rentincuba.com

Meliá Cohiba 020
Diárias:
Casal, CUC 170
Avenida Paseo entre 1ra e 3ra
tel 833 3636
www.solmeliacuba.com

Palacio Cueto 016
Diárias:
A combinar
Calle Inquisidor 351 esquina com Mercaderes
www.habaguanex.com

Sofitel Sevilla Hotel 033
Diárias:
Casal, CUC 206
Casal Superior, CUC 260
Calle Trocadero 55 entre Zulueta e
Avenida de las Misiones
tel 860 8560
www.sofitel.com

Tryp Habana Libre 026
Diárias:
Casal Standard, CUC 200
Casal Vista Panorâmica, CUC 220
Junior Suite, CUC 300
Suite "Governor", CUC 660
Calle L esquina com 23
tel 834 6100
www.solmeliacuba.com

WALLPAPER* CITY GUIDES
Diretor Editorial
Richard Cook
Diretor de Arte
Loran Stosskopf
Editor de Cidade
Jeremy Case
Editor de Projeto
Rachael Moloney
Editor-Gerente Executivo
Jessica Firmin
Designer-Chefe
Ben Blossom
Diagramação
Ingvild Sandal e Dan Shrimpton
Ilustrador de Mapa
Russell Bell
Editor de Fotografia
Christopher Lands
Assistente de Fotografia
Jasmine Labeau
Sub-Editor
Jeremy Case
Assistente Editorial
Milly Nolan
Editor-Chefe do Grupo Wallpaper*
Jeremy Langmead
Editor de Criação
Tony Chambers
Diretor Editorial
Fiona Dent

Colaboração
Paul Barnes, Jeroen Bergmans, Alan Fletcher, David McKendrick, Claudia Perin, Meirion Pritchard, Ellie Stathaki e Maria Aseneth Yepes

PUBLIFOLHA
Coordenação do Projeto
Assistência Editorial
Camila Saraiva
Produção Gráfica
Soraia Pauli Scarpa
Assistência de Produção Gráfica
Mariana Metidieri

Produção Editorial
Tradução
Luis Reyes Gil
Edição
Editora Página Viva
Revisão
Francisco José Couto e
Agnaldo Alves de Oliveira
Editoração Eletrônica
Editora Página Viva

Foi feito o possível para garantir que as informações deste livro fossem as mais atualizadas disponíveis até o momento da impressão. No entanto, alguns dados como telefones, preços, horários de funcionamento e informações de viagem estão sujeitos a mudanças. Os editores não podem se responsabilizar por qualquer consequência do uso deste guia, nem garantir a validade das informações contidas nos sites indicados.

Os leitores interessados em fazer sugestões ou comunicar eventuais correções podem escrever para o endereço abaixo, enviar um fax para (11) 3224-2163 ou um e-mail para atendimento@publifolha.com.br

PUBLIFOLHA
Divisão de Publicações do Grupo Folha
Al. Barão de Limeira, 401, 6º andar, CEP 01202-900, São Paulo, SP
Tel.: (11) 3224-2186/2187/2197
www.publifolha.com.br

Impresso na China.

Título original / original title:
Wallpaper* City Guide Havana
© IPC Media Limited 2007

Wallpaper* (nome e logo) é marca registrada de propriedade da IPC Media Limited utilizada sob licença da Phaidon Press Limited. / The Wallpaper* (name and logo) is a trademark owned by IPC Media Limited and used under licence from Phaidon Press Limited.

Esta edição foi publicada pela Publifolha sob licença da Phaidon Press Limited of Regent's Wharf, All Saints Street, London, N1 9PA, UK. www.phaidon.com
Primeira edição 2008. / This Edition published by Publifolha under licence from Phaidon Press Limited of Regent's Wharf, All Saints Street, London, N1 9PA, UK. www.phaidon.com
First published 2008.

Todos os direitos reservados. Nenhuma parte desta publicação pode ser reproduzida, arquivada ou transmitida de nenhuma forma ou por nenhum meio sem permissão expressa e por escrito da Phaidon Press / All rights reserved. No part of this publication may be reproduced, stored in a retrieval system or transmitted, in any form or by any means, electronic, mechanical, photocopying, recording or otherwise, without the prior permission of Phaidon Press.

Proibida a comercialização fora do território brasileiro.

Dados Internacionais de Catalogação na Publicação (CIP)
(Câmara Brasileira do Livro, SP, Brasil)

Havana / [tradução Luis Reyes Gil]. - São Paulo : Publifolha, 2008. - (Wallpaper* City Guide)

Título original: Wallpaper* City Guide : Havana
Vários colaboradores.
ISBN 978-85-7402-868-2
1. Havana (Cuba) - Descrição e viagens - Guias I. Série.

08-00929   CDD-917.291

Índices para catálogo sistemático:
1. Guias de viagem : Havana : Cuba 917.291
2. Havana : Cuba : Guias de viagem 917.291

FOTÓGRAFOS

Gianni Basso
Coppelia, págs. 36-37

Dia/mediacolors
Valle de Viñales, págs. 102-103

Hans Engles
Edificio Bacardí, pág. 65, págs. 66-67
Edificio Solimar, pág. 71
La Moderna Poesía, págs. 82-83

Baldomero Fernandez
Foto de Havana, primeira guarda
Edificio FOCSA, págs. 10-11
Hermanos Ameijeiras Hospital, pág. 12
Embaixada da Rússia, pág. 13
Ministério do Interior, págs. 14-15
Hotel Nacional de Cuba, pág. 17, págs. 18-19
Meliá Cohiba, págs. 20-21
Hotel Florida, pág. 22
Hotel Saratoga, pág. 23, págs. 24-25
Tryp Habana Libre, pág. 26, pág. 27
Hotel Raquel, págs. 28-29
Hotel Riviera, págs. 30-31
Cobertura do Hotel Sevilla, pág. 33
Real Fábrica de Tabacos Partagás, pág. 34
Museo de la Revolución, pág. 35
Museu de Bandeiras, pág. 38
Paladar La Guarida, pág. 39
Casa de la Amistad, pág. 41
El Conejito, págs. 42-43
A Prado y Neptuno, pág. 44
Café del Oriente, pág. 45
El Patio, págs. 46-47
Restaurante 1830, pág. 48
Las Ruinas, pág. 49
Anacaona, págs. 50-51
Opus Bar, págs. 52-53
La Casona de 17, pág. 54
El Pedregal, pág. 55
Gato Tuerto, págs. 56-57
La Roca, págs. 58-59
Casa de la Música (Galiano), págs. 60-61
Isis Valdes, pág. 63
Teatro Nacional, págs. 68-69
Cementerio Cristóbal Colón, pág. 70
Cine La Rampa, págs. 72-73
Cine Yara, págs. 74-75
Club Náutico, págs. 78-79
La Casona, pág. 81
La Vajilla, pág. 84
Farmacia Taquechel, pág. 85
ICAIC, págs. 86-87
Club Habana, pág. 89
Estadio Panamericano, págs. 90-91
Sala Kid Chocolate, págs. 92-93
Gimnasio Rafael Trejo, págs. 94-95

Irek/Schapowalow
Cienfuegos, pág. 97
Boca de Guamá, págs. 98-99

John A Loomis
Escuelas Nacionales de Arte, pág. 76, pág. 77

SuperStock/Alamy
Playas del Este, pág. 101

www.volkerfoto.de
Trinidad, pág. 100

HAVANA
ORIENTE-SE NA CIDADE COM ESTE GUIA DE CÓDIGO DE CORES

PLAZA DE LA REVOLUCIÓN
Aproximadamente 1 milhão de cubanos já se espremeram nesta simbólica praça para ouvir um monólogo de Fidel

MIRAMAR
As avenidas são cheias de mansões que abrigam embaixadas, lojas que vendem em dólares e restaurantes

HABANA VIEJA
O centro colonial tem mais de 4 mil edifícios tombados pelo patrimônio, abrangendo do barroco ao *art nouveau*

LA RAMPA
Esta rua é uma seqüência ininterrupta de hotéis e cinemas clássicos, lojas de *fast-food* e casas noturnas

EL VEDADO
Aqui, casas neoclássicas e palacetes *art déco* dividem o espaço com teatros, centros culturais e parques arborizados

PARQUE CENTRAL
Cavalos e carruagens aguardam do lado de fora dos hotéis e museus nesta turística praça, uma das principais de Havana

Para uma descrição mais detalhada de cada bairro, veja a Introdução. As atrações estão sublinhadas com linhas coloridas, segundo o bairro em que se localizam.